JN207441

トップセールスをクビにする勇気

株式会社エスシーリンク
代表取締役

櫻井 富美男

カナリアコミュニケーションズ

お客様の「事実」を引き出せば、誰でも売れる!

　営業は、難しいと思っている人がいますが、決して難しくはありません。

　いわゆるトップ営業マンと呼ばれる人たちを見て、「自分にはマネできない」などと思う必要はまったくありません。才能があるかのように思われがちですが、彼らがやっていることは実は誰もがやれる、言ってみれば「当たり前」のことなのです。この当たり前のことが何かを知れば、誰でも売れる営業ができます。

　本書では、営業は難しいと思っている誤解を一つひとつ解きほぐしながら、若い営業マンでも生産性の高い営業ができるノウハウを解説していきます。

　事前準備、アプローチ、ファクトファインディング、プレゼンテーション、クロージング、アフターフォローを、セールスの６段階と呼びますが、一般的にはプレゼンテーション、クロージングばかりが注目されがちです。しかしこれはまちがいで、その前の３段階が非常に重要です。なかでもアプローチ、ファクトファインディングが特に重要で、ここでセールスの８割が決まるといっても過言ではありません。

　要は、「お客様の客観的事実をつかむこと」、これが最重要課題です。ひたすら頭を下げても、根性で粘っても、商品は売れません。お客様が何に困っていて、何を必要としているのか、そしてそれに対して自社商品がどのような解決策を提

供できるか、そこが明確にならないかぎり、売れません。そのためには、お客様の事実をできるだけたくさん引き出すことが欠かせません。その引き出された事実を基に、いかにお客様の課題や問題を解決できるか「仮説」を立てます。

それをするのが、事前準備、そしてアプローチ、ファクトファインディングの3段階で、ここが不十分だとプレゼンは不発に終わり、十分だと成約の確率が飛躍的に高くなります。「事実をつかみ、仮説を立てる」、これに徹すれば、売上は急激に上がります。これが本書の核となります。

本書で述べていることは、特別なことではありません。むしろ当たり前のことです。しかし、この当たり前のことが、組織として定着していない企業があまりにも多いのです。営業マネジャーや経営者が本書を読んで「そんなことは当然だ」と思われる部分もあるとは思いますが、「あらためて言われるとそのとおりだ」と気づく部分が少しでもあればと願います。

売上アップのカギを握るのは、現場の責任者である営業マネジャーです。マネジャーが売れる仕組みを知り、構築できれば、業績は必ずアップします。だからこそ、本書は、営業マネジャー、そして、それを育てる経営者の皆様にぜひとも読んでいただきたいと思います。

本書が、営業に対する誤解を解いて、生産性の高い営業組織を構築する手助けとなれば、これ以上の喜びはありません。

トップセールスをクビにする勇気

●

目　次

第1章 トップ営業マンは いらない

第2章　「失注率」を減らす

第**3**章 アプローチの精度を
上げる

第**5**章
優れたマネジャーに なろう

巻末資料　　**目的別**

営業プロセス管理ツール集

第 **1** 章

トップ営業マンは
いらない

トップ営業マンは長い目で見ると会社のためにはなりません。収支バランスでいうと割に合わないケースがあります。トップ営業マンがいなくても売れる組織をどうつくるかに力点を置きましょう。

1

トップ営業マンがいなくても「売れる」

お客様の事実を引き出すには、営業マンはしゃべらず、質問を投げかけ、ひたすら聞く。

◆1人のトップ営業マンがいてもダメ

多くの経営者やマネジャーは、業績を上げるためにトップ営業マンに期待しますが、実はこれはまちがいです。長い目で見ると、会社の業績は上がるどころか、平行線か下降線をたどることになってしまいます。

なぜか？　第1の理由は、**1人のトップ営業マンが売れても、営業組織全体が売れるようにならないと、会社の業績アップにはつながらない**からです。

◆全体を上げたほうが、業績は確実にアップ

たとえば、10人の営業マンがいて、トップ営業マンが3,000万円売り、その他の営業マンが平均1,000万円売るとすると、全体の売上は1億2,000万円です。ここで1人のトップ営業マンにどれだけ期待をかけても、さらに売上を4,000万円、5,000万円までもっていくのは至難の業です。ところが他の営業マンの売上を平均1.5倍、つまり1,500

万円にすることができれば、トップ営業マンの売上はそのままでも、全体の売上は 1 億 6,500 万円になります。

　実はこの「普通の営業マン」の業績を伸ばすのは簡単なのです。本書では、このあと、ひとつずつそのノウハウを解説していきますが、要は、売れるプロセスを踏んでいないから成績が伸びないだけであって、正しいマネジメントさえできれば、1.5 倍程度の伸びは簡単なことなのです。

　特に、営業マンの数が多い会社ほど、この傾向は強まります。3 人程度の小規模な会社の場合は、これには当てはまりませんが、そこでは社長がトップ営業マンであるべきで、社長の代わりになるような営業マンを求めること自体がナンセンスでしょう。

◆トップ営業マンが抱えるリスク

　トップ営業マンがいると会社の業績が伸びない第 2 の理由は、トップ営業マンという存在自体が抱えるリスクです。

　彼らは、自分がもっているノウハウを会社に残すことをしません。自分だけの秘密兵器として隠します。それこそが自分が成功している武器なのですから、それをみすみす他の営業マンや会社に教えるわけがないのです。

　彼らはお金で動くことが多いですから、他の会社から再びヘッドハンティングされれば、簡単に去っていってしまいます。そうやって転職を繰り返すことが彼らのスキルになるので、会社を辞めることに躊躇はありません。

　そうして彼らが去ったあと、会社には何も残らないし、逆

にお客様を次の会社にもっていかれれば、大きな損失にさえなります。顧客資産は営業マンだけで開拓したものではなく、会社があってこそ開拓できたものですが、そういう意識は彼らにはないのです。

その穴埋めをするために、またトップ営業マンを高いお金をかけて引き抜いても、同じことの繰り返しです。ノウハウも資産も残りません。他の営業マンも成長しません。

◆プロセス改善にお金をかけたほうが得

トップ営業マンを引き抜くために、人材斡旋会社に頼んだ場合、たとえば年収 1,000 万円クラスだと、300 万円から 400 万円ほどの成功報酬を取られます。

それで新しい会社で本当に売れるかどうかは未知数です。それだけのお金をかけるのであれば、営業マン全体をボトムアップするために、プロセスの改善やツール制作にお金をかけたほうが絶対に得です。

そもそもトップ営業マンのノウハウなど、大したことはありません。前述したように、プロセスや営業のやり方を改善できれば、売上を 1 人 1.5 倍上げることなど簡単です。

お客様の立場から見ても、1 人のトップ営業マンだけが優秀であるよりも、誰もがある程度、優秀であるほうが、いいはずです。「前の営業マンはよかったけど、今度の彼はダメだな」と思われてしまうと、会社としては信頼損失です。

つまり、**トップ営業マンがいなくても売れる組織こそが、本当の意味での優れた組織なのです。**

全体の底上げが業績アップに

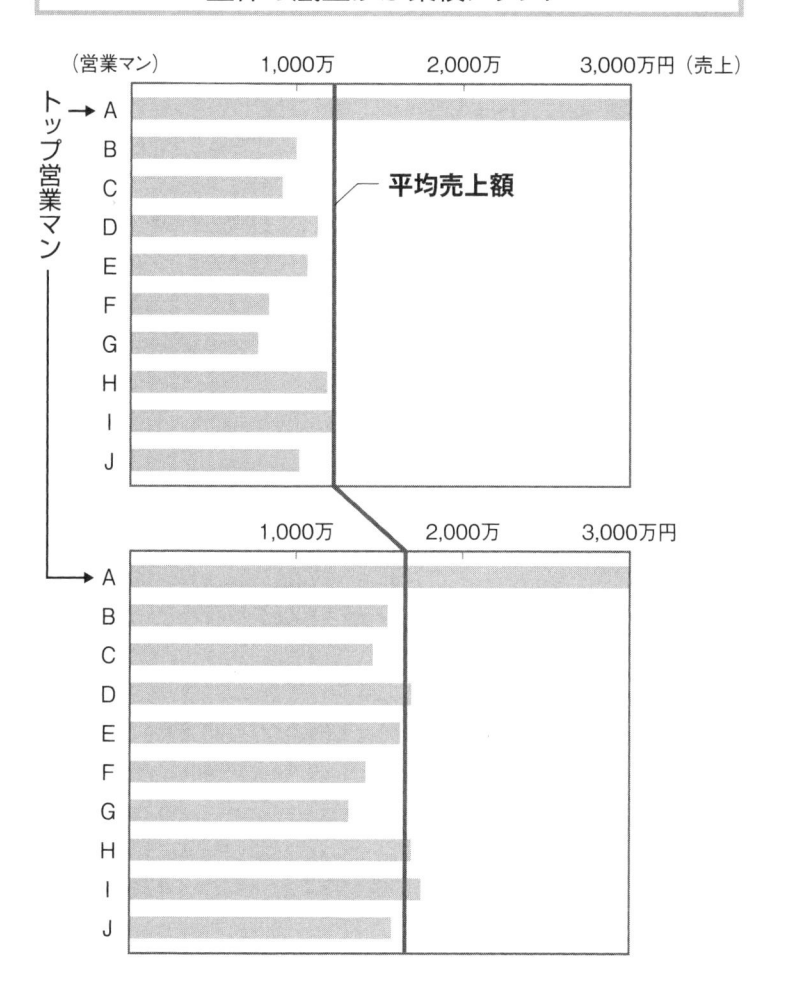

トップ営業マンに期待するよりも、それ以外の営業マンの売上を1.5倍上げるほうが、会社全体の業績アップの早道。

2

現有の営業力からシナリオを つくろう

現有戦力を分析し、見直して、緻密な計算に基づく目標達成のシナリオをつくろう！

◆緻密な計算がない日本の営業

日本の営業職は、他の職種に比較してシナリオが少ないような気がします。現有戦力を分析して、目標を達成するためには、何をどのようにするのか、緻密な計算をしながら、勝つためのシナリオを描くことが苦手です。これは、厳しい競争を勝ち抜いていくためには絶対に必要なことです。

ところが、「月に2台売れ！」などと、ざっくりとした命令しか降ろさないところがあまりにも多すぎます。

モノが売れる時代はこうした粗いやり方でも何とかなりましたが、売れない今の時代では必ず取り残されてしまいます。そうならないよう、まずは、**現有の営業組織を分析し、見直すところから始めましょう。**

◆自社の営業マンの情報をつかむ

経営者や営業部長が最低限つかんでいないと話にならないのは、営業マン1人当たりの売上高と、それにかかるプロ

つかんでおきたい現有戦力の分析

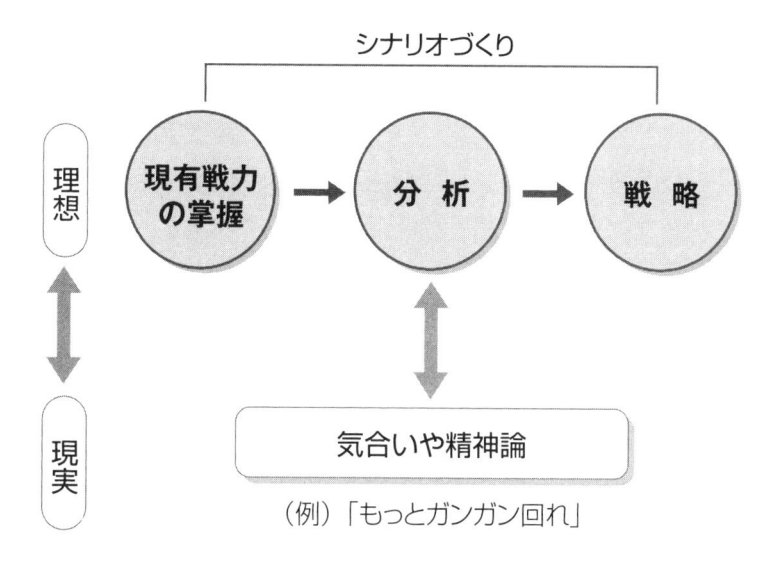

シナリオづくり

理想　現有戦力の掌握　→　分析　→　戦略

現実　気合いや精神論

（例）「もっとガンガン回れ」

最低限押さえるべき項目

❶ 営業マン1人当たりの売上とプロフィットロス

❷ 売上×営業マンの人数=総売上

❸ 目標に対する不足額

❹ 目標達成のための営業マン1人当たりの売上

現有戦力を見直して、分析して、戦略を立てる。計算に基づくシナリオづくりが重要。

フィットロスです。「そんなもの知っているに決まっている」と笑う人がいるかもしれませんが、経営者と実際に話をしてみると、意外と掌握していないケースが多いのです。全体の売上は見ているけれども、「営業マン1人当たりの年間売上は？」と聞くと、答えられません。これでは緻密な計算どころか、大枠の戦略さえ立てることができません。

つかんでおいてほしいのは、**営業マン1人当たりの売上とプロフィットロス**、営業マンが何人いるから売上総額はいくらになるか、目標に対する不足額、目標達成のためには営業マン1人当たりの売上を何％伸ばせばよいのか、人員増はどうするか、などです。

◆手の打ち方を数字で見る

経営者や営業部長、営業マネジャーが、こういうことをわかっている組織は強いです。手の打ち方が数字で見えます。

たとえば、営業マン1人当たりの売上は3,000万円。10人いるので3億円。目標は4億5,000万円です。そのためには、1人当たりの売上を3,000万円から4,500万円まで伸ばすか、あるいは、それが困難な状況であれば1人当たり3,500万円まで伸ばして、不足分の1億円については3人の経験者を採用して補おう、という具合です。

売上計画と人員計画の両方ができます。また、1人当たりの売上を3,000万円から3,500万円に伸ばすためには、具体的にどうすればよいのか考えることができます。

売上計画と人員計画が見えてくる

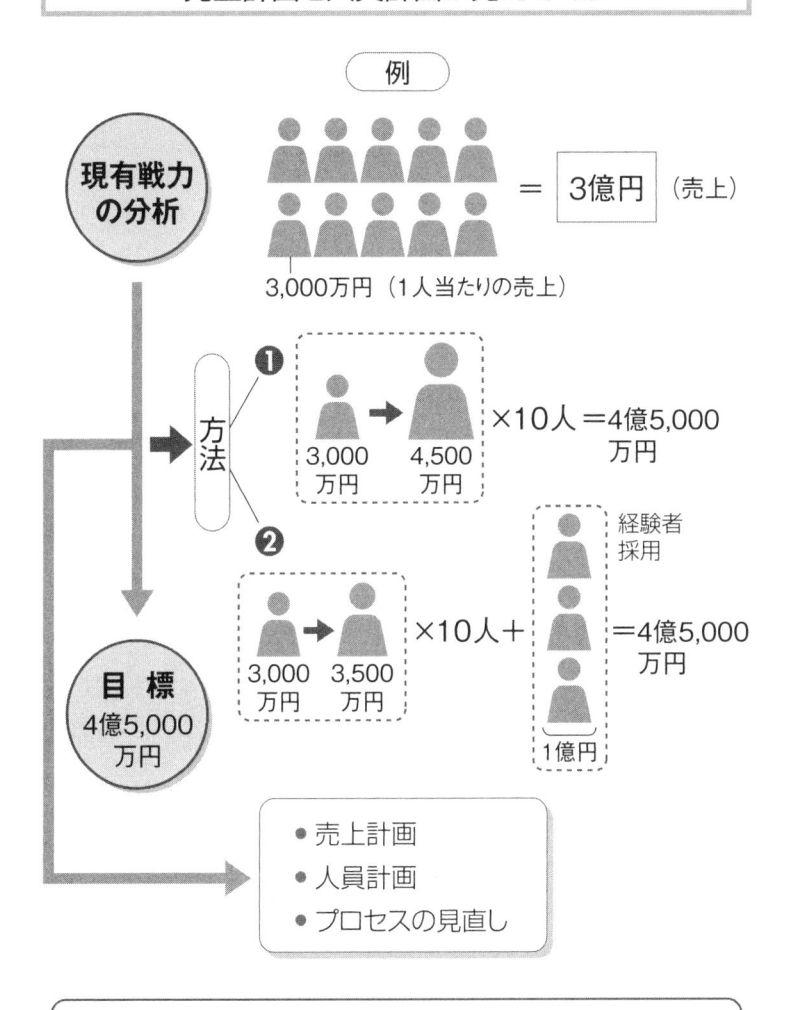

現有勢力を分析して、目標を設定すれば、売上計画と人員計画が見えてくる。

3

ヘッドハントではなく、若手を育てよう

人件費を販売管理費の50%以下にすることを考慮に入れて、営業マンを採用することを考えよう。

◆事前に計算をしたうえで採用する

トップ営業マンを採用することで会社の業績を伸ばそうとすることの危険性を、もう少し考えたいと思います。

年収1,000万円の営業マンを人材斡旋会社を通じて採るためには、成功報酬が約300万円から400万円かかります。

仮に300万円の成功報酬を回収するためには、営業利益が5%の会社だとすると、6,000万円の売上を出さなければなりません。来たばかりの営業マンが新しい商材を6,000万円売ることが果たしてできるのか、そういうことも考えたうえで採用すべきです。

鳴り物入りでやって来て、大したことがなかったということはよくある話で、だからこそ伸び悩んでいる会社ほど、頻繁に営業マンを募集することになります。

◆中小で潰れるトップ営業マン

トップ営業マンがなぜ期待はずれに終わることがあるのか、

その理由は2つほど考えられます。

ひとつは、もともと大したスキルはなかったというケースです。たとえば、前の会社で大きな売上を上げていたのは、特定の上客をつかんでおり、ルートセールスを柱として大きな売上を上げていたからで、新しい会社では新規売上が半分以上ないと売上目標の達成さえも難しいという場合には、売上が全然伸びないということがあります。

特に「新しいマーケットを開拓してもらう」と期待して採用した場合に、こうしたケースでは期待にこたえることが難しいのです。

2つ目は、大手から中小企業に転職してきた場合で、活躍できずに終わるケースがよくあります。大手では、営業マンのバックアップ体制が組織として整っています。企画室があったり、マーケットデータや顧客データがそろっていたり、マーケット部隊が整っていたりします。

ところが中小企業では、そうしたお膳立てはほとんどありません。自分自身の力で、売るための情報や道具や戦略を一から準備しなければならないのです。

最新兵器があるのと、一から手作業でやらなければならない違いは大きくて、私の経験上、**大手で活躍していた営業マンの7割方は中小企業では通用しません。**

◆若手を鍛えたほうが近道

たしかに、私の会社でもトップ営業マンはほしいとは思います。しかし、そうは言っても簡単に採れるものではないし、

こちらが期待しているような数字を1人で稼ぐことはまずないというのが実態であり、多額の費用をつぎ込んで採るほどのメリットは実はないと思います。

そもそも何度も言うように、トップ営業マンといってもそのスキルは大したことがありません。

ならば、**未経験者を採用して鍛えたり、今現在、すでにいる若手をさらに育てて全体の底上げをしたほうが、売上は伸びます。**一見、遠回りのように見えることを地道に着実に実践したほうが、本当は近道なのです。

◆人件費は販売管理費の50%以下に

人を採用する場合、人件費を販売管理費の50%以下に抑えるということは、意識しておいてください。

人を採りすぎて人件費が販売管理費の70、80%割になることは結構あることですが、これは企業としては不健全な形で、利益率は下がります。そこで慌ててリストラをやるわけですが、決してよい方法ではありません。やはり、若い営業マンを育成したほうが企業利益は圧倒的によくなります。

もちろん高い人件費を出すことはかまいませんが、大事なことはバランスで、広告宣伝費や教育費などにさらにお金をかけて販売管理費全体を厚くして、人件費を50%以下に収めるという考え方が重要です。

逆に言えば、人件費が80%というのは、広告宣伝費や教育費が使われていないという見方もできます。

要は、バランスが悪いと、企業は疲弊してしまうのです。

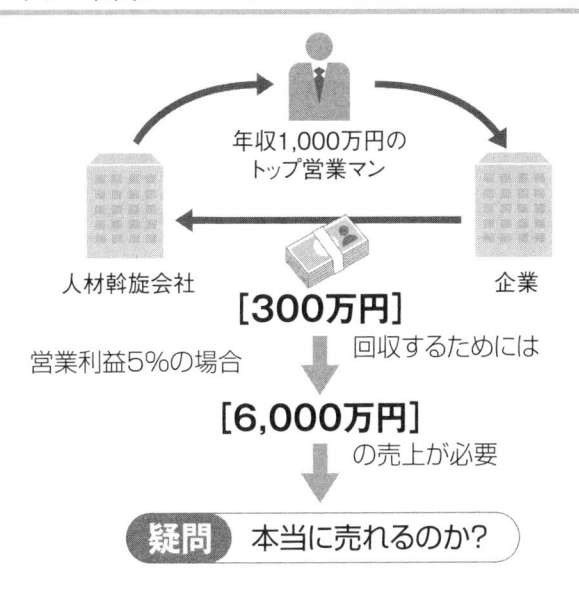

トップ営業マンにそんなにお金をかけて大丈夫?

年収1,000万円の
トップ営業マン

人材斡旋会社　　　　　　　　　　　企業

[300万円]

営業利益5%の場合　　　回収するためには

[6,000万円]

の売上が必要

疑問 本当に売れるのか?

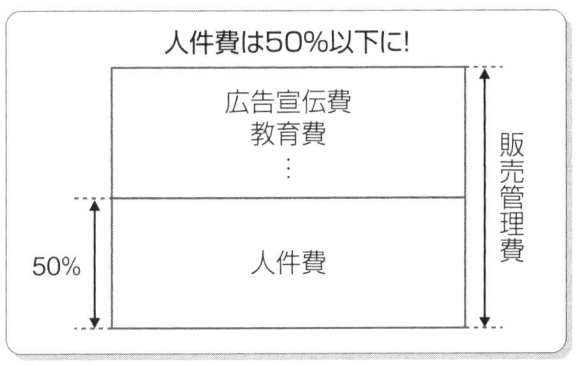

人件費は50%以下に!

| 広告宣伝費 |
| 教育費 |
| ⋮ |

販売管理費

50%　　人件費

トップ営業マンを採用するためにかけるお金を、若手営業マン
の教育費や販売促進費にまわしたほうが得である。

4

「アリの理論」を知っておく

マネジャーが、6割の中間層に対して的確な指導ができるかどうかが成長のカギだ。

◆営業の世界の「アリの理論」

一般に「アリの理論」と呼ばれる組織論があります。

アリの組織全体の中では、2割が組織を引っ張る優秀なアリで、6割が普通、残り2割が足を引っ張る、いわば落ちこぼれのアリだというのです。

この2:6:2という比率は、常に生まれてくるもので、**優秀な2割だけを引き抜いて新しい組織をつくったとしても、やはりその中で、再び2：6：2という分類ができてきます。**

これは営業マンの世界にも当てはまります。上位2割の営業マンが全体の売上の約70％を売り上げ、中間層の6割の営業マンが約25％、下の2割が約5％を売り上げるといわれています。余談ですが、この法則はお客様にも当てはまり、2割の上客でその会社の7割程度の売上を占めるそうです。

◆情報こそが的確な提案のカギ

ここで重要なのは6割を占める中間層の営業マンです。上位2割は、すでにこれ以上は伸ばせないほど十分にがん

ばっているわけで、更なる大きな伸びはあまり期待できません。しかし、中間層は全体の6割を占めているわけで、**ここを底上げできれば、大きな伸びが期待できます**。単純計算すると、ひとりひとりが10% UP するだけで30%の戦力アップになるのです。

ところが、多くの会社はこの層に対して、通り一遍の管理型のマネジメントしかしません。「もっと訪問件数を増やせ」「ヨミはいくらだ？」「プレゼンの件数を増やせ」「そんなことじゃダメだ」等々、上っ面の指導だけです。

要は、どうやって情報をつかんでくるかという納得のいく指導がなされていません。今後詳しく解説していきますが、その会社に関する正しい情報が十分に収集できないと、成約に結びつく的確な提案ができないのです。

相手が何に悩んでいるのか、何を解決したいのか、何がしたいのか、ということがわからずに、的外れな提案を何回やっても成約にはいたりません。

多くの情報を引いてくるためには、多くの情報をもっている人に会うことが一番です。それはやはり社長です。もしそれが無理であるならば、せめて人事や総務など、さまざまな部署の人間に会ってたくさんの情報を収集しなければ、その会社の本当の実態はつかめません。

事実が見つからないと、的確な提案ができません。

◆「6」の層に納得のいく指導をしよう

こういうことを、6割の層に納得のいく形で説明ができる

かどうか、これが重要なカギとなります。

　上位2割を引き合いに出して「あいつらのように社長に会えば決まるから、社長に会いに行け」と言っても、説得力がありません。「いや、部長だって決めてくれますよ」と逃げ口実を出してきます。

　だいたい、社長に会うことの重要さを心の底から理解して、その方法がわかっているなら誰もがそうします。それがわからないから、またハードルが高いから、担当者に会ってお茶を濁して帰ってくるだけの営業になってしまうのです。

◆カギを握るのはマネジャー

　そもそも、トップの2割は、そういうことを本能的に知っていることが多いのです。あるいは本当に人に会うのが好きな連中もいます。

　しかし、彼らのノウハウは可視化されていないことが多く、6割の中間層まで浸透させることができません。だから「あいつらのようにやれ」と言われても、6割の営業マンはどうすればいいのかわからないのです。

　そこで重要になるのがマネジャーです。営業マンが納得するように指導できれば、6割の層は大きく伸びます。

　下の2割に関しては、やろうとしない者は論外として、6割の層と競争させることでほとんどが伸びます。やり方を細かく教えて結果を出させれば、「自分にもできるんだ」と自信がついて、6割の中に食い込んできます。

　これによってさらなる底上げが可能となるのです。

中間層の6割を伸ばせば、売上は激増する

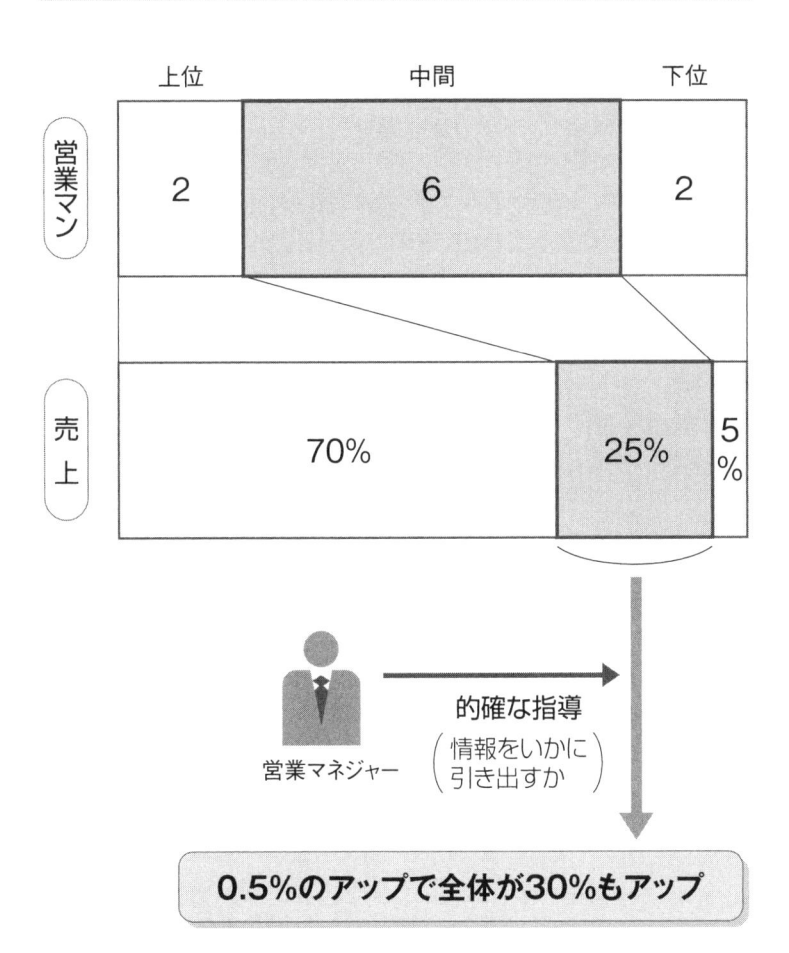

0.5%のアップで全体が30%もアップ

2：6：2の中間層「6」の層に対して、マネジャーが正しく指導できれば、全体の売上を大きく伸ばすことができる。

5

教えることは
難しいことではない

部下の営業プロセスをつかんでいれば、何をどうすべきか、教えることができる。

◆「背中で教える」はダメなやり方である

6割の層を育てることが重要だといっても、そもそも部下に売れる営業のやり方を教えることは難しいと思っているマネジャーが多いようです。

原因は、マネジャー自身がノウハウをもっていないから。特に、商品の力が強くて独占状態に安住できた会社は、売るためのノウハウをもっていないことが往々にしてあります。

また、ノウハウをもっていても、どう教えていいのかわからないマネジャーも多いです。理由は管理ばかりしているから。「何件行った？」「70件行きました」「少ないな。100件は行かないと」などと、部下を闇雲に動かしているだけです。

まじめな営業マンは言われたとおりに動いて、100件、120件と動きます。それでも見込み客が10件も上がらず、結果として成約はゼロ。すると「もっと回れ」「見込み客を上げろ」と言うばかりで、そのために「何をどうするのか」を語っていないのです。

営業プロセスをつかめば教えられる

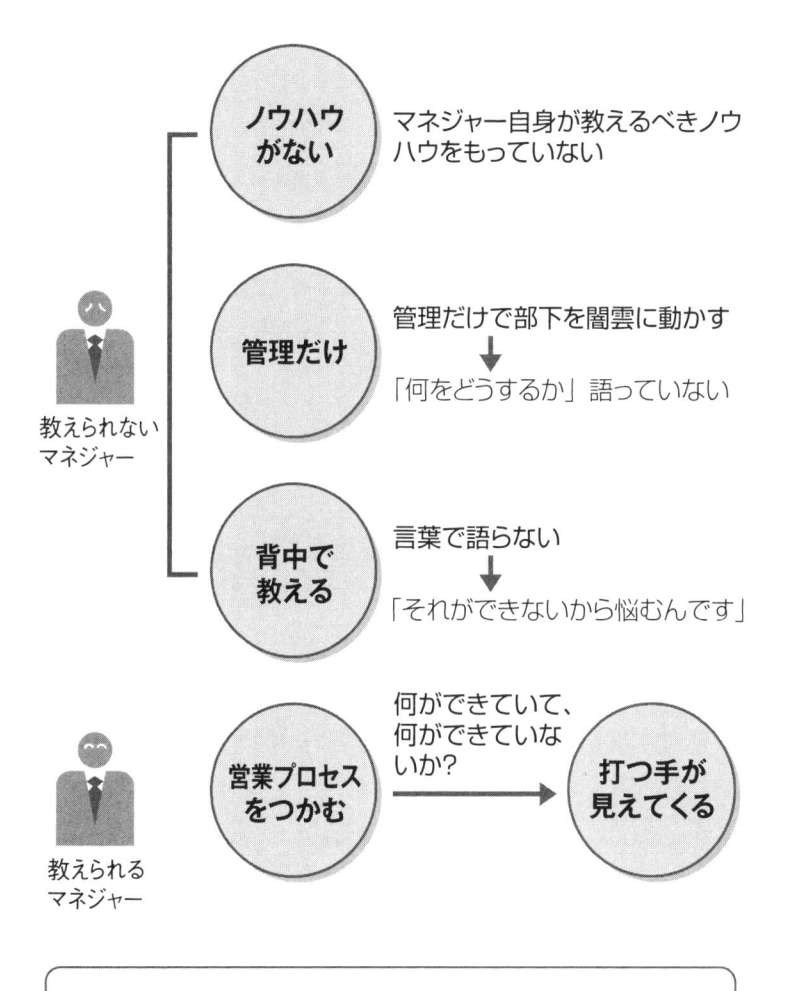

教えられないマネジャー

- **ノウハウがない** — マネジャー自身が教えるべきノウハウをもっていない
- **管理だけ** — 管理だけで部下を闇雲に動かす → 「何をどうするか」語っていない
- **背中で教える** — 言葉で語らない → 「それができないから悩むんです」

教えられるマネジャー

営業プロセスをつかむ → 何ができていて、何ができていないか？ → **打つ手が見えてくる**

> 部下の営業プロセスをつかんでいれば、何をどうすべきなのかを教えることができる。

少し優秀なマネジャーは、同行営業で自ら売り込み、部下に自分の背中を見せて真似させようとします。管理だけするよりはマシなのですが、それでも「それができないから悩んでいるんです」というケースが出てきます。

なぜかというと「語らないから」です。

売るためのノウハウは自らの感覚と経験でわかっているけれども、理論的な構築がなされていないので、それを言葉で説明できない、だから部下に伝わらないのです。

◆部下の営業プロセスをつかむ

大事なことは、**部下が何ができていて、何ができていないのか、その事実をつかむこと**。お客様の情報をつかむことが重要なのと同じように、部下を育てるためには、部下の営業プロセス、営業履歴を知ることが絶対に欠かせません。

昔は、そういうことをヒザ詰めで営業会議やヨミ会と称してやっていました。商談シートを使って一つひとつ潰していくので非常に時間がかかりますが、これは原理原則です。

たとえば、100件も営業先を開拓しているのに、有効商談は3件しかないという事実を掘り下げていくと、担当にしか会えていないことや、どうでもいい情報しか集められていない事実が見えてきます。分析ができれば、会う人を替えるなど、打つべき手が見えてきます。

このように、営業マンの営業プロセスをつかんでいれば、教えられるし、逆に結果しか見ていないと「もっとがんばれ」で終わってしまうのです。

マネジャーが変わるだけで、業績はこんなに上がる

単位（千円）

クライアント業種	業態	期間	実施前収益状況	実施後収益状況	収益変化金額	収益向上倍率
外資系金融機関	BtoB & BtoC	6カ月間	¥217,500	¥1,005,000	¥787,500	462%
不動産	BtoC	3カ月間	¥90,000	¥450,000	¥360,000	500%
ディーラー	BtoC	6カ月間	**¥-40,000**	¥160,000	¥200,000	**赤字↓黒字化**
ネット系ベンチャー	BtoB	3カ月間	¥84,000	¥264,000	¥180,000	314%
通信会社A	BtoB	4カ月間	¥105,000	¥360,000	¥255,000	343%
通信会社B	BtoB	4カ月間	¥26,600	¥106,400	¥79,800	400%
一般消費財メーカー	BtoBtoC	6カ月間	**¥-50,000**	¥45,350	¥95,350	**赤字↓黒字化**
ファッションメーカー	BtoBtoC	6カ月間	¥94,000	¥172,000	¥78,000	183%

私の会社の業務のひとつがマネジャー代行業。この表は、営業方法を変えることで、収益がどう変化したかをまとめたものですが、社員は同じでも、やり方を変えるだけでこんなにも収益が向上します。

6

お客様から「事実」を
聞き出そう

お客様の事実をつかみ、利用シーンを提案することで、
誰でも売れるようになる。

◆商品説明が下手でも売れる理由

　33ページに、私の会社がマネジャー代行業をしたことに
よって企業の売上がどう変化したかを表わす一覧表を紹介し
ましたが、なぜ業績アップが可能になったのでしょうか？

　私たちがもっているその会社の商品に関する知識は、基本
的に少ないものです。商品説明するとなると、その会社の営
業マンにかなうわけがないのですが、それでも、停滞してい
た業績が驚くほどアップします。なぜかというと、**「お客様
の事実を聞き出す」**ことを徹底してやるからです。

　その会社のお客様は今、何を解決したいと思っているのか、
どのようなところにお金を使おうと考えているのか、お客様
の事実を引っ張るだけです。やったことはそれだけ。これが
できれば商品知識が少なくても業績は上がります。

◆徹底して「聞く」ことが重要

　高度経済成長時代のように黙っていてもモノが売れる時代

今は売れない時代

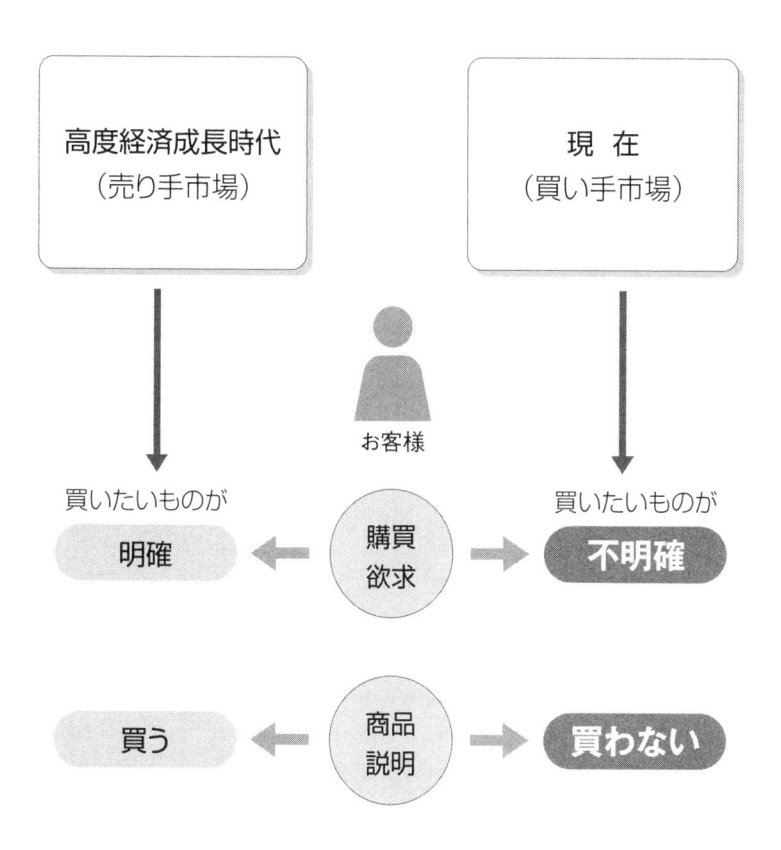

高度経済成長時代
（売り手市場）

現　在
（買い手市場）

お客様

買いたいものが
明確 ← 購買欲求 → 買いたいものが **不明確**

買う ← 商品説明 → **買わない**

> 高度経済成長時代のように、黙っていても売れる時代は終わった。お客様は買いたいものが不明確なのである。

は終わりました。あの時代は、お客様のほうから買いたいと言ってくる時代で、少しの商品説明だけで勝手に買ってくれましたが、今はそうではありません。**お客様のニーズがどこにあるのかをつかみ、それを提示しなければ買いません。**

何に悩んでいるのか、何をしたいと考えているのか、さまざまな情報を聞き出して、それを商品とどう結びつけるのか、アイデアを出します。その商品によって悩みをどう解決できるのか、狙いにどうこたえられるのかを提案することができれば、他の予算を削ってでも購入したいという欲求を刺激することは可能です。

その場合に何よりも大事なことは、聞くことです。それがわからないから、ニーズが見えないし、提案するアイデアも見えてきません。

極論すれば、問題点はそこだけなのです。それがわかってくれば、状況は劇的に変化します。100件回ってやっと2件の見込み客が取れていたような状況が、50件回って20件の見込み客が取れるようになり、売上は激増します。

◆利用シーンに結びつける

もう少し具体的に説明しましょう。

現代は、ほしいものが顕在化していないケースが多いです。昔は、たとえば「チルド機能が付いている冷蔵庫がほしい」とか「洗浄力の強い洗濯機がほしい」などと明確な欲求がありましたが、今は、性能も機能も飽和状態で、あえてそこで特定の商品に絞り込むほどの差別化が少ない時代です。ぼん

やりとした欲求はあっても、それがはっきりしていないことが多いのです。

　その不明瞭な欲求を、はっきりと具体的なものにして見せてあげることが必要なのです。わかりやすく言えば、利用シーンに結び付けるのです。

◆お客様の事実を聞こう

　たとえば、携帯電話を買い換えたいと思っている人がいるとします。しかし、どのような機種がほしいのか本人もよくわかっていません。

　そういうときに、細かい機種の説明をしてもチンプンカンプンだし、お客様の購買意欲に刺さりません。一般的な話をされても面白くないわけです。

　私が携帯電話会社の販売員研修をするときに必ず言うことは、お客様が来店したときに"本当"に聞かなければならないことは、「どんな機種をお探しですか？」ではなく「どんなことをしたいのですか？」「どんなことにお使いですか？」ということです。機種ではなく、**お客様についての事実を知ることが一番大事**なのです。

　もし、ゴルフが大好きで、ゴルフ中のスイングの写真を携帯で撮ることがよくあるという事実が見つかったら、「こちらのほうの機種がブレが少なくてきれいに撮れますよ」などと、利用シーンの提案ができるわけです。これだと心に刺さります。「でも、こっちのほうが人気機種だよね」と返事がきたら、「なぜ、人気機種がいいんですか？」と聞けば、何

か新しい欲求や情報が聞き出せるかもしれません。

　一般的な話はつまらないものです。「テレビが見られます」と言っても心は少ししか動かないのに、サッカーが好きだという事実がわかって「残業で家に帰る時間が遅くなっても日本代表戦が見られますよ」という提案をすれば、興味をもってくれます。

　なお、買いたいものがすでに決まっている人は、何があっても買うので、その部分で売上増につながることは、あまりありません。

◆商品説明よりも取材力

　このように、マニュアルにそった商品説明ではなく、お客様の情報をつかんで、その商品を購入することによって何ができるのか、どんな価値が生まれるのか、アイデアを提案することが重要なのです。

　現代はほしいものはない時代だと述べましたが、自分の会社だけはよくしたい、自分の生活はもっと充実させたいという欲求はむしろ強くなっています。

　こうした漠然とした欲求や向上心をいかに見つけ出すかがカギで、そのために徹底して、お客様のことを聞き、お客様の情報を収集するのです。

　売ろうとしないこと。売ろうとするから売れないのです。売ろうとするのではなく、お客様を知ろうとすることが重要です。つまり、営業マンにとって必要な能力は、商品説明能力ではなく、取材力なのです。

聞くことが最重要ポイント

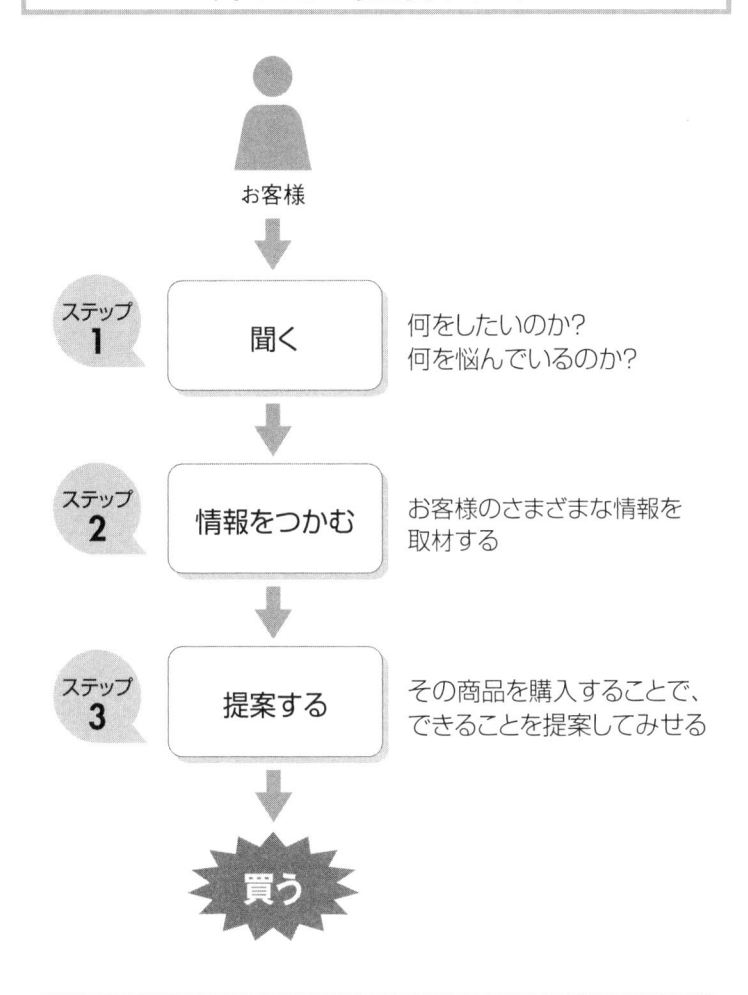

お客様

ステップ1 **聞く** — 何をしたいのか？
何を悩んでいるのか？

ステップ2 **情報をつかむ** — お客様のさまざまな情報を取材する

ステップ3 **提案する** — その商品を購入することで、できることを提案してみせる

買う

> 買いたいものが不明瞭な現代は、聞くことでお客様のニーズを明確にすることが不可欠だ。

ダメな営業マン

● デジタルカメラを捜しに来たお客様に対して①

商品説明をする

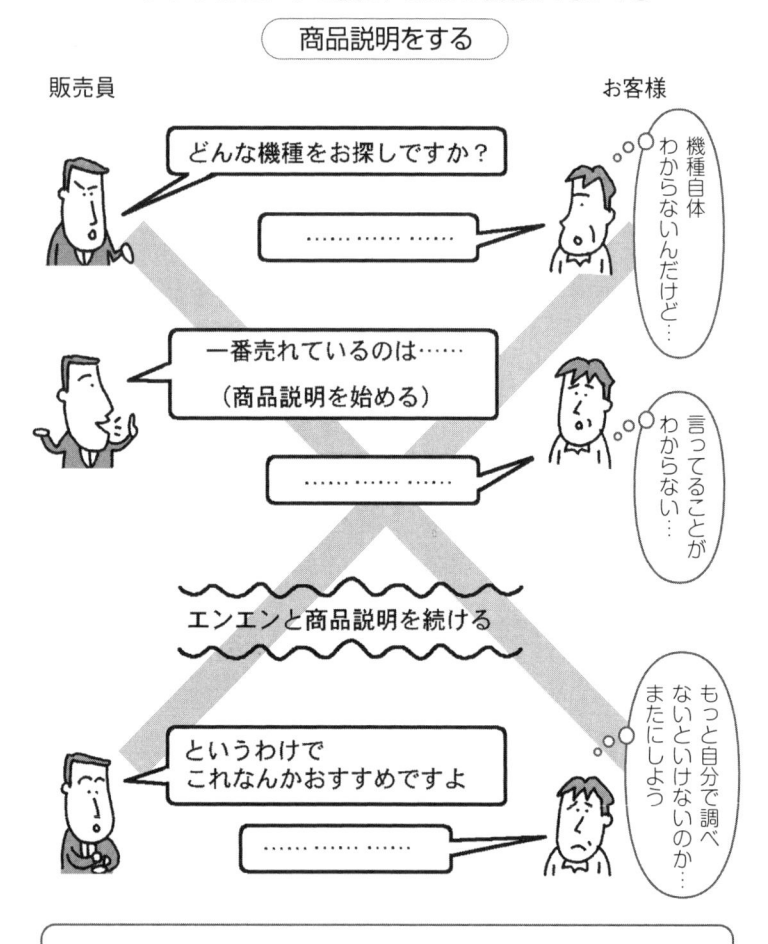

販売員　　　　　　　　　　　　　　　　　　お客様

どんな機種をお探しですか？

……………………

機種自体わからないんだけど…

一番売れているのは……
（商品説明を始める）

……………………

言ってることがわからない…

エンエンと商品説明を続ける

というわけで
これなんかおすすめですよ

……………………

もっと自分で調べないといけないのか…またにしよう

お客様の話を聞かず、一方的に商品説明をするだけでは購買意欲がなくなる。

いい営業マン

● デジタルカメラを捜しに来たお客様に対して②

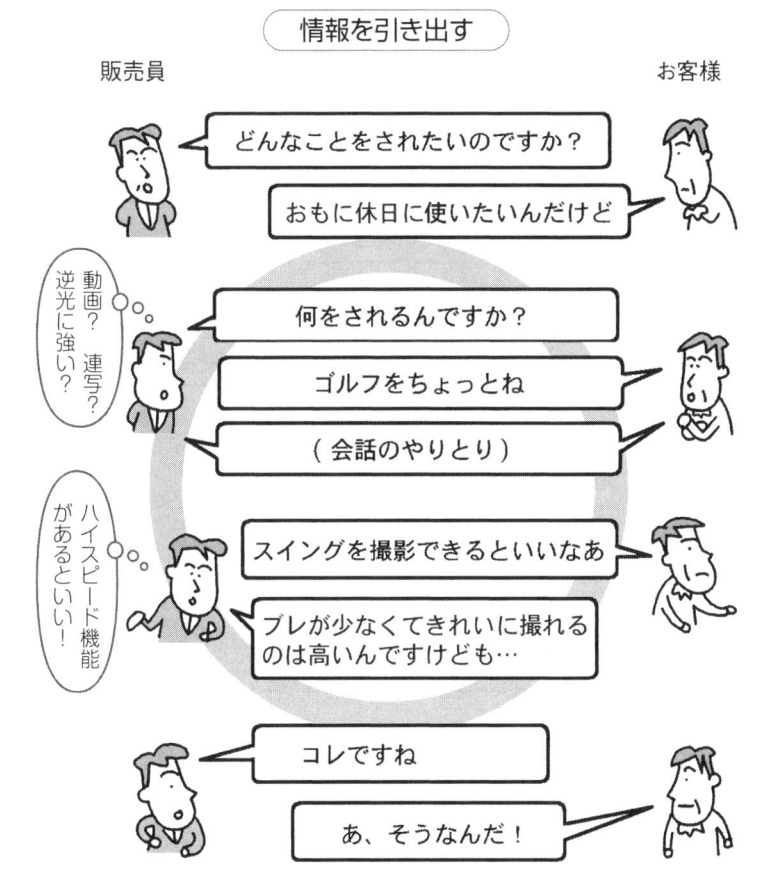

> 情報を引き出す

販売員　　　　　　　　　　　　　　　　　　お客様

どんなことをされたいのですか？

おもに休日に使いたいんだけど

動画？　連写？　逆光に強い？

何をされるんですか？

ゴルフをちょっとね

（ 会話のやりとり ）

ハイスピード機能があるといい！

スイングを撮影できるといいなあ

ブレが少なくてきれいに撮れるのは高いんですけども…

コレですね

あ、そうなんだ！

お客様の話を聞いて、情報を引き出し、提案をすれば、購買意欲を刺激する。

7

売れない時代だからこそ
チャンス

売れない時代だからこそ、本当の営業ができるようになれば、驚くほど売れるようになる。

◆やはりトップ営業マンは必要ない

営業マンに「取材力」がつけばトップ営業マンは必要ありません。前述したように、そもそもトップ営業マンに期待する属人性重視の営業では、会社にはひとつも財産が残りません。誰がやっても同じように売れる組織でないと本当の意味での強い組織にはならないのです。

それを可能にするのが取材力です。これさえできるようになれば、確実にボトムアップができ、トップ営業マンの必要性は消え失せてしまいます。

◆売れない時代は、営業マンの腕の見せ所

売れない時代は、逆に言うと営業マンのやり方次第では非常に売れる時代で、むしろチャンスのときなのです。

予算の関係で軽自動車の購入を考えていた人が、何らかの原因で高級セダンを購入するというケースがあります。要は、**お客様が抱えていた何らかの不満や問題の解消さえできれば、**

触手は動くのです。そこで重要になるのが営業マンです。

　たとえば、インターネットが普及しはじめると、市場はネットショッピングに圧倒されると考えられていました。たしかに、本屋などは苦労する時代になってしまいましたが、売上を伸ばしている本屋もあります。

　逆襲の手段として「店長イチ押しの本」などという見せ方をすることで生き残っています。非常にアナログ的な方法を際立たせたわけですが、そういうことができるのが営業なのです。売れない時代だからこそ、営業如何によって他社を引き離し、業績を上げることができるのです。

◆失注を防げば売上は倍に

　大事なことは、次の第2章で詳しく解説する「失注」を少なくすることです。

　売上を倍にすることは、とてつもなく困難なことだと思われがちですが、そうではありません。実は簡単なのです。

　10社回って決まるのが1社だとします。残りは9社もあり、そこに注目をします。そのうちの4社はもともと興味もないし、お金もないので誰が行ってもダメだとしても、残りの5社については、営業マンが情報を収集しきれておらず、したがって的確な提案もできず、ニーズも明確化されていないケースが結構あるものです。

　これを失注したものと考えて、しっかりと営業すれば、1社程度は成約までもっていくことができるのです。

　これだけで、売上は2倍。失注を2社防ぐことができれば、

3倍になるのです。

◆買い手のことを考える文化を醸成する

次の章からは具体的なノウハウを解説していきますが、本書全体を通じて営業マネジャーや経営者の方々に伝えたいことは、**営業マンとして「買い手のことを考える文化」を育ててほしい**ということです。

日本は営業という職種に関しては、まだまだ後進国です。営業に慣れていません。

日本はこれまで工業立国として発展してきたので、モノづくりの能力は高いのです。いいものさえつくれば、おのずと売れていました。そこでは、売るためのノウハウはそれほど必要とはされませんでした。

だから、買い手のことを考えてこなかったのです。ルートセールスばかりに力を入れたり、「とはいっても、買ってくださいよ」などと人情に訴えたり、御用聞的な営業に陥ったりしていました。つまり、人との交渉の中で売るという文化が育ってきていないのです。

昔の日本がやっていたような方法は、今、中国やインドや韓国がやっています。もはや価格では彼らには勝てませんから、違う方法でやるしかないのです。

モノがあふれてお客様が勝手に買う時代ではなくなった今、必要なのは、本当の意味での営業なのです。

必要なものがないからこそ、「必要なものはこういうものですよ」と営業マンが見せてあげなければならないのです。

売れない時代こそ、営業マンの力が必要

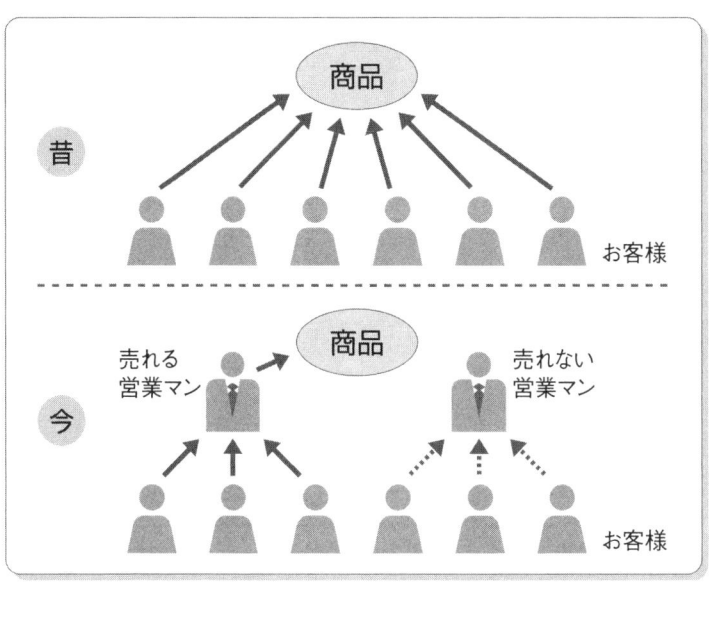

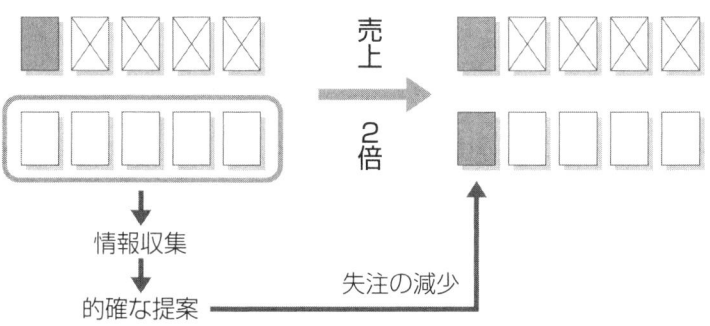

情報収集
↓
的確な提案 ── 失注の減少

売れない時代こそ、取材力のある営業マンの売上は、他から抜きん出ることができる!

トップ営業マンは、
焼き畑農業

　トップ営業マンは、財産どころか、逆に大きなリスクを背負っているケースがあります。

　私も経験がありますが、いわゆるトップ営業マンと呼ばれる人の後を引き継いで、初めてご挨拶に伺ったとき、その会社の担当者から「もう二度とお前のところの商品は買わない」と厳しく言われたことがあります。

　聞くと、前任者が売らんがために会社の弱みにつけ込んで無茶な売り方をしたのです。その後、再びいい関係を築くことができましたが、壊れた信頼を取り戻すことは大変でした。

　彼らは、お客様の情報を引き出すことが非常にうまいのです。ただ、その情報の質が、相手の弱みだったりします。それをうまくつかんで恐怖を煽って売るのです。

　短期的な売上としては確かにいいのですが、長いつきあいができません。たとえるならば、まるで焼き畑農業です。復活するには時間がかかるし、組織としては危険すぎます。長い目で見ると、やはりお客様の立場に立った耕作農業が一番なのです。

第**2**章

「失注率」を減らす

業績を上げる組織やマネジャーは、失注率をいかに少なくするかに力を注ぎます。受注できなかったお客様や状況を分析し、改善ポイントに力を注げば驚くほど売上は伸びていきます。

1

「買わない理由」を
考えよう

失注率を減らせば売上は倍増する。そのためには、買わない理由を見つけ出そう。

◆最重要課題は、失注率の減少

マネジメントをする場合、どれだけのお客様がどれだけ買ってくれたか、単価はいくらか、さらに客単価を上げるためにはどうするか、訪問件数をどこまで上げればよいのか、こうした受注率を高めるための項目は誰もが管理します。

ところが、受注しなかったお客様のことは、ほとんど考えません。ここに注目をして、失注した原因を分析することによって、その後の売上は大きく違ってきます。失注率が2割から1割に減少するだけで、売上は倍増します。

事実、**業績を上げている組織や営業マンは、失注率をいかに少なくするかというところに力を注いでいます。**マネジメントをする側としても、それこそが着実に成果を上げる一番のポイントなのです。

◆買わない理由はどこにあるか

強烈な購買意欲をそそるものは、もはやほとんどない時代

なので、些細なことで買うことを諦めるケースが多いのです。たとえば、営業マンの何気ない一言であったり、遅刻をはじめとする不快な振る舞いなどです。

　もっとも多いのは、一方的な営業でしょう。質問に十分に答えることもなく一方的に長々と商品説明をしたり、「これが似合ってます」などと、一方的に決めつけられたりすると、購買意欲は激しく落ちます。

　営業マンにしてみれば、悪気もなく、何気なくこうしたことをしています。特にまじめな営業マンは、往々にして相手の話を聞いていないことがあります。

　売り手市場の時代はそれでも売れましたが、情報化が進み、商品に関する情報も増え、比較検討も十分にできる今の時代にあっては、買い手が主導権を握っています。気紛れな買い手の決定権を無視すると売れません。

　逆に言えば、そういう部分に目を向けて対応できるのが、カリスマ店員だったりトップ営業マンです。特別な差ではありません。

　お客様の情報を引き出し、ニーズをつかみ、的確な提案ができるかどうかなのです。

　買わない理由をつかんで、失注率を少なくするためにはどうすればいいのかを考えることが、売上アップの鉄則です。

◆価値は、人によって千差万別

　もう少し「買わない理由」について説明します。

　買い手にとって、買いたいものが具体的にあるというより

も、自分にとって価値あるものを買うという傾向があります。同じ商品でも、人や企業にとって、その価値は千差万別です。

たとえば、車を買うにしても、人によって求める価値はさまざまです。家族でアウトドアに出かけるときに使いたいのか、仕事で使うのか、車の走りを楽しみたいのか、女性にもてるツールとして所有したいのか、各人で価値は異なります。

◆お客様に関心をもつ

それぞれの価値に応じて「買おう」という動機が生まれてくるわけですが、こうした価値がどこにあるのか、これを聞き出すスタンスが一番重要です。

多くの携帯電話は、その機能に大した違いはほとんどありません。しかし、お客様の生活スタイルによって求めるものは微妙に異なります。それをどう聞き出すかです。その商品で「何がしたいのか」という部分をお客様に触発できれば売れるのです。

お客様が買わない理由は、あくまでも営業サイドにあります。

大事なことは、**価値を見出すために、「お客様に関心をもつ」こと**なのです。そこからお客様のさまざまな情報を引き出すことができるのです。

失注率を減らすためには聞くことが重要

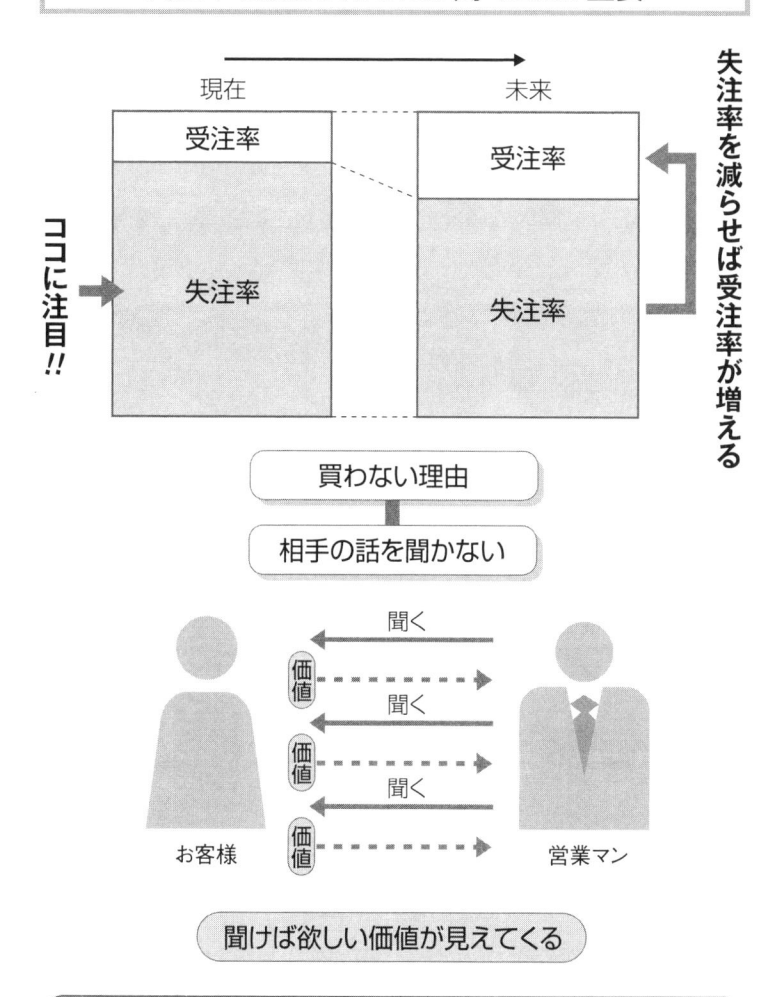

失注率を減らせば売上は倍増する。そのためには、お客様の話を徹底的に聞くことが重要。

2

2：6：2の「6」の層に力を注ごう

> 「6」の層の問題点は、失注率が高いこと。この層の失注率を減らせば、売上は激増する。

◆「6」の層は、失注が多い

　第1章で、2：6：2の法則を紹介し、その中間層の「6」の層に、マネジャーが手を入れることが重要だと述べました。失注率という点でも実はこの「6」の層が非常に重要で、そのことについて解説します。

　上位2割はマネジャーが教えなくても、お客様の情報を引き出し、適切な提案ができる層です。次の6割が上位2割ともっとも異なるのは、失注が多いことです。

　なぜこの層の失注率が高いかということについては、第3節で詳しく説明しますが、失注率が高いということは、逆に言うと、失注率を減らすことに力点を置けば、売上が飛躍的に伸びることを意味しています。そのことに気づかせてあげるのが、マネジャーの大きな仕事です。

◆マネジャーは「6」の層に力を注ぐことが重要

　「6」の層が重要なのは、単純に人数が多いからです。上位

マネジャーは6割の層に力を注ごう

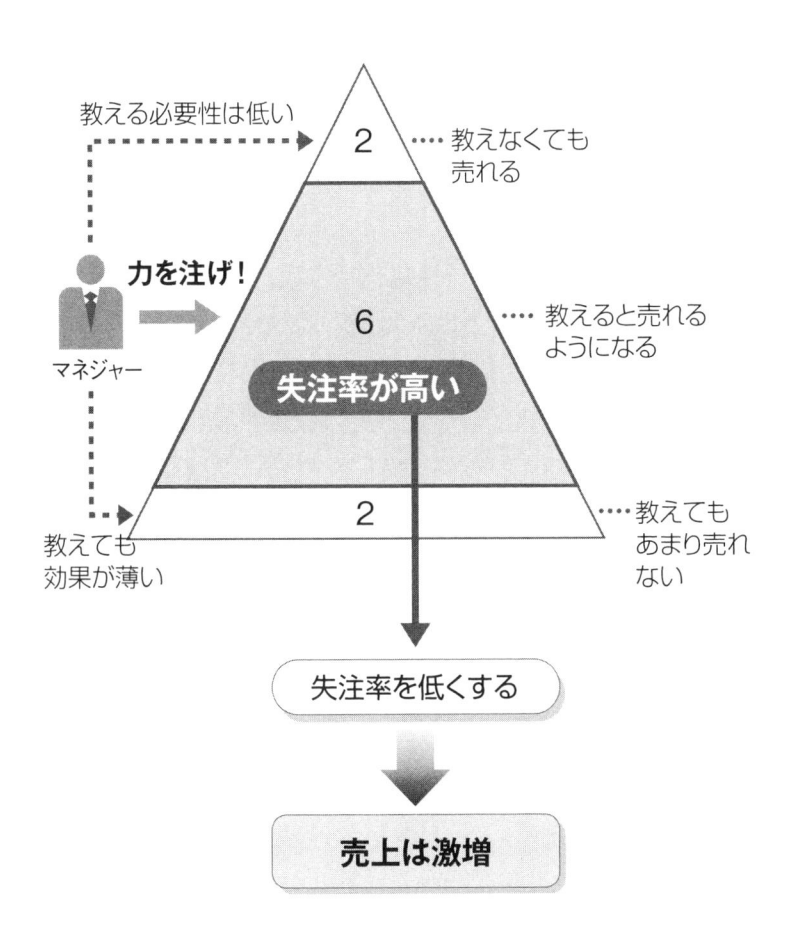

マネジャーは、もっとも失注率の高い6割の層に力を注いで失注率を減らせば、売上は激増する。

2割は何もしなくても、自分が本来もっている能力と勘で高い売上を維持できますし、下の2割の層はやる気が欠如しているケースも多いですから、マネジャーが手を入れても効果が出ないこともあります。

　つまり、マネジャーが力を入れるべきなのは、もっとも大人数で、しかも一生懸命まじめに仕事をする中間層なのです。

◆失注率を減らせば、受注は倍になることも

　失注率に注目することは非常に重要です。

　トップ営業マンと呼ばれる人でさえ、受注率は3割です。残りの7割は失注しているのです。普通の営業マンにいたっては、受注率は1、2割で、失注率は8割、9割にものぼります。

　この9割の失注に注目したとき、全体の5割は、そもそも買う意思がないので、誰がどのように営業しても受注することはできませんが、**残りの4割は可能性が残されていることが多い**のです。文字通り「失注」によって成約にいたっていないケースです。

　理由は、迷っていたけれども一方的な話で気持ちが萎えてしまって「もうちょっと検討しよう」と思ったり、営業マンが何となく信用できないので、他の営業マンを呼んでから考えようなど、意外とくだらないことが多いものです。

　その部分に気づいて、1割でも失注率を減らすことができれば、受注は倍になります。それほど難しいことではないのです。

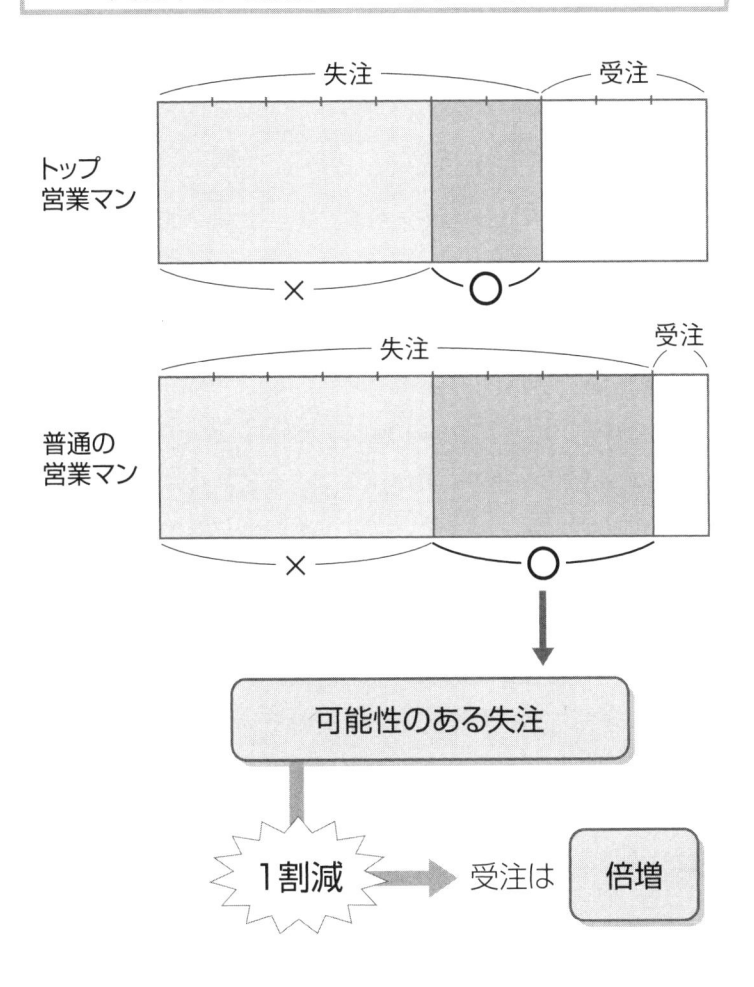

失注率を1割減らせば、受注が倍になる例

トップ営業マン

失注 ｜ 受注

× ｜ ○

普通の営業マン

失注 ｜ 受注

× ｜ ○

可能性のある失注

1割減 ➡ 受注は 倍増

1割の受注率だった普通の営業マンの失注率を1割減らすことができれば、受注は倍になる。

3

「6」の層の失注率軽減がカギ

重要な「6」の層の失注率を防ぐカギは、お客様の話を徹底的に聞くことにある。

◆誠意の押し売りはダメ

「6」の層は、まじめで一生懸命です。残業して、資料づくりを夜遅くまでやって、上司から言われるとおりに朝から晩まで営業先を回っています。それでも結果が出ません。

なぜか？　それは、商品や製品を売ることに一生懸命になっているからです。これを当たり前のことだと思ってはいけません。**一生懸命になるべき対象は、商品を売ることではなく、お客様の気持ちを知ることなのです。**

この視点の変化が生まれたときに、お客様の情報が引き出せて、求めている価値が見えてきて、的確な提案ができるようになります。

◆お客様の話を聞かない理由

商品を売ることに一生懸命になればなるほど、営業マンは、お客様の話を聞かなくなります。

この層の営業マンは、総じて「一生懸命にやれば誠意は通

営業マンとお客様の正しい関係とは?

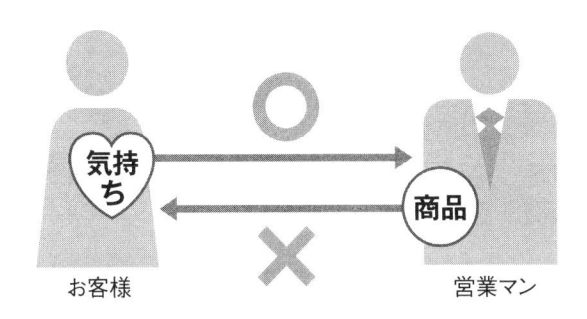

お客様　　　　　　　　　営業マン

営業マンは、商品を売ることに一生懸命になるのではなく、お客様の気持ちを知ることに一生懸命になろう。

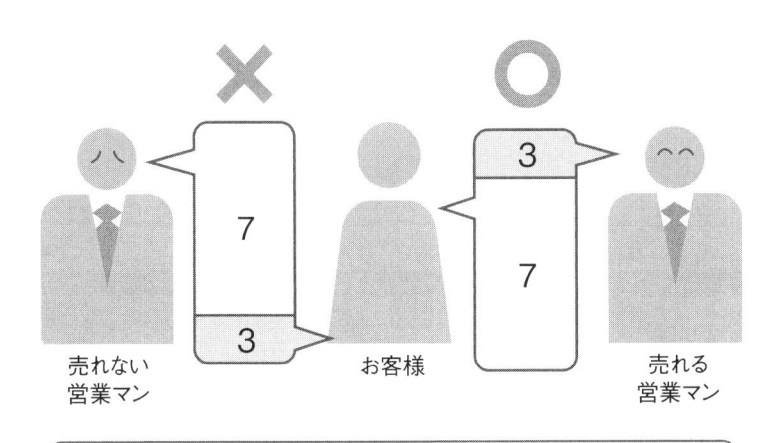

売れない営業マン　　　お客様　　　売れる営業マン

売れる営業マンとお客様の会話のやり取りは3:7で、お客様に話してもらう時間が多い。

じる」と思っていますが、それは買ってほしいというだけの誠意であって、買い手にとっては何の価値もない誠意なのです。いわば「誠意の押し売り」です。

こうした誤解に基づく営業をやっていることに、マネジャーが気づかせてあげることができれば、失注率は大きく減少し、売上は激増します。

◆7：3でお客様の話を聞く

繰り返しますが、失注率を減らすポイントは、お客様に関心をもつことです。そうすれば話を聞くようになり、情報を引き出せ、自社の製品によって何が解決できるか、提案できるようになります。

お客様に関心をもっている営業マンと、もっていない営業マンの話す時間の長さを見てみると、前者はだいたい**7：3の割合でお客様に長く話をさせており**、後者は逆の割合で自分が長く話しています。

初対面の場合は、自分や会社や商品の説明もあるので、ある程度はこちら側から話をしてもいいですが、それ以降はほとんど話すことはありません。お客様に質問をしながら聞くことが主な営業だと思ってください。

◆質問が来たときはチャンス

お客様から質問が来たときは、商品に関心をもっている証しですから、大きなチャンスです。ところが、自分が話すことに夢中の営業マンは、その質問にサラリと答えて、すぐま

た自分の話に戻ります。チャンスをみすみす逃していることに気がつきません。

たとえば、「このデジカメの画素数はどのくらい？」と質問が来たときに「○万画素あります。いいですよ」と言って、「他にも防水機能があっておすすめですよ」と、別のテーマを話しはじめます。

お客様の質問の背景には必ず何らかの理由があるわけですから、そこで「画素数を気にされるのはどうしてですか？」と聞けば、「実は……」ということで、さまざまな情報が引き出せるのです。

◆不満の背景にあるものを見る

また、見積書を提出したときに「価格が高い」ということでお客様が躊躇するケースは多々ありますが、この場合も、**お客様の言葉の背景にあるものを知ろうとすることが大事**です。

他社製品と比べて高いのか、予算を考えると高いと感じるのか、その商品を購入することによって得ることのできる価値に対して高いと感じるのか、理由はさまざまです。

そうした「背景」に触れずして、新たな的確な提案は見えてきません。

◆お客様は自主的に買いたい

また、お客様は、営業マンにすすめられて買ったのではなく、自分の判断で自主的に買いたいものです。「自分が選んだ」と思いたいのです。

結果としては営業マンがすすめたものでも、自分で買ったというエクスキューズがほしいのです。それがないと、買う意欲が急激に冷めてしまいます。

　そのためにも、営業マンは自分が話すのではなく、どこまでもガイド役に徹して、お客様に十分に話をさせて、自主的に決断をしてもらうことが重要です。

◆ 「6」の層が伸びれば、下の層も伸びる

　下の「2」の層は、マネジャーが手を入れるべき優先順位としては低いです。

　指示されたことさえもしない営業マンは別にして、「6」の層がレベルアップすれば、引きずられるようにして売れるようになることがあります。なぜならば、**彼らの中にはタカをくくっている営業マンが多い**からです。

「俺は適当にやってこんなもんだけど、あいつら（「6」のまじめな層）は、俺の何倍も努力してがんばっているのに、大して売れていない。だから、俺が本気を出してやれば、あいつらよりももっと売ることができるんだ」と。

　こういう言い訳をしていることがあるので、「6」の層の失注率が減り、業績が飛躍的にアップすると、下の「2」の層が慌てだし、全体の売上が上がります。上の「2」の層も同様に突き上げられてさらに奮起します。

　要は、マネジャーとして力を注ぐべきはどこかということを知らなければなりません。「6」の層の失注率を減らすこと。カギはここにあります。

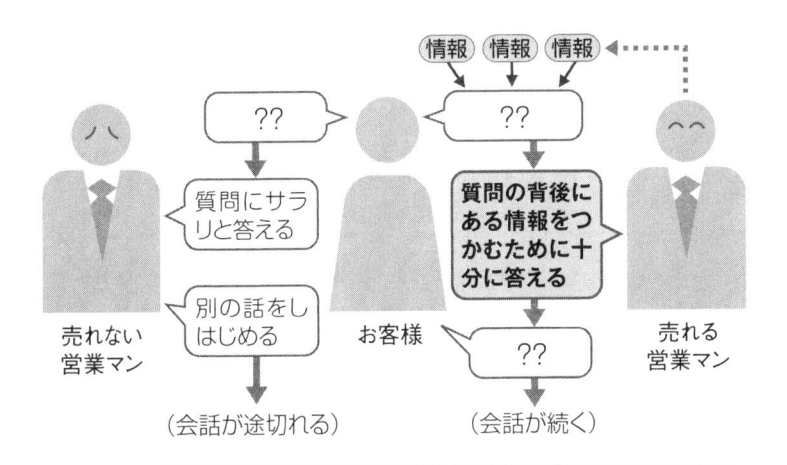

お客様の質問を大事にする

売れない営業マン — 質問にサラリと答える — 別の話をしはじめる（会話が途切れる）

お客様

売れる営業マン — 情報 情報 情報 — 質問の背後にある情報をつかむために十分に答える（会話が続く）

> 質問の背後にはお客様の情報がたくさんある。それをつかむために、質問をチャンスと受け止め、十分に答えてあげる。

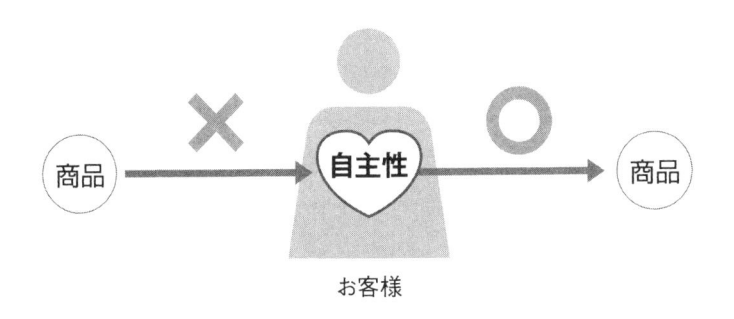

商品 ×→ 自主性 →○ 商品

お客様

> お客様は「買わされる」ことは嫌で、自らの意思で自主的に「買う」ことを好む。

4

「売ろう」と思う必要はない

売ろうとする営業マンはお客様に嫌がられ、話を聞こうとする営業マンはお客様に価値を提供できる。

◆売ろうとする営業マンは時間泥棒

失注を生み出している最大の要因は、営業マンが「売ろうとしている」ことです。

意外だと思うかもしれませんが、**売ろうとする営業マンの話は、お客様にとっては時間泥棒となる**ことが多いのです。すなわち、一方的に聞きたくもない話を長くされると、お客様は「時間の無駄だから、もう来てほしくない」と思ってしまいます。

大事なことは、何度も述べたように、「お客様に関心をもつ」ことです。何に困っていて、どんなことを解決したいのか、何を望んでいるのか、関心をもちながら話を聞いて、課題と解決策を見つけていくことです。

◆相手に話をさせるのがカギ

逆に言えば、売れる営業マンとは、お客様に話をさせることができる営業マンです。

人間は誰しも人の話を聞くよりも、自分の話をするほうが気持ちがいいものです。ましてや一生懸命に自分の話を聞いて、気持ちや求めているものを理解してくれることほど嬉しいものはありません。

　さらにそこから、自分のために何か新しい価値を提案してくれれば、なおさら嬉しいものです。

　営業マンがそれをできるようになれば、お客様は営業マンの話にも耳を貸し、そこから共感が生まれてきます。

　たとえば、「そうだとすれば、○○もできるんじゃないですか？」などという営業マンの提案に対して、「たしかにそうかもしれない」と思うわけです。

　お客様が求めている価値を見つけてあげることが重要です。普通の営業マンは、価値を見つける前に、自分の価値を押しつけます。

　要約すると、普通の営業マンは、しゃべるのが営業だと思っていますが、**トップ営業マンは、お客様をしゃべらせることが営業**だと知っています。両者の差は、実はそこだけなのです。

◆いい商品を決めるのはお客様

　よく陥るまちがった考え方に「うちの商品はいいから売れるはずだ」というものがあります。

　これは昔のことです。たしかに高度経済成長の時代には、いい商品は勝手に売れるという現象がありましたが、質の優劣に大差がなくなった今の時代は、そのような安易な考えは通用しなくなりました。モノ神話の時代が終焉を迎えた今は、

「売れたものがよい商品」になる時代です。

　たとえば、自動車業界で言えばトヨタは圧倒的に売れているメーカーですが、本当にトヨタの車は他のメーカーに比べてそんなにすばらしいのでしょうか？　それほどスタイリッシュでもないし、技術力が抜きん出ているというわけでもありません（あくまでも私感ではありますが…）。

　しかし、なぜか買ってしまいます。**その背後にあるのは安心感**です。「売れている」から、皆が買っているから、いい車に違いないという思い込みが付加価値としてついているからです。つまり「いい商品」と決めるのは、企業サイドではなく、お客様なのです。

◆商品の時代から営業の時代へ

「売れたものがよい商品」となる時代において、もっとも重要なのは、営業です。

　トヨタもそうですが、野村證券、以前は IBM、リクルートもそうでしたが、営業力が非常に優れていました。IBMのコンピュータが他社と比べて飛びぬけて優れているわけではないし、野村證券の扱う証券がいいわけでもありません。

　営業力、なかんずく顧客接点が非常にいいのです。モノではなく、営業によって売れるようになり、そのことによって「よい商品」という安心感を生み出しました。

　このことに気がつかないと、これからの企業は生き抜くことは難しいでしょう。企業の生存を握るのは、営業なのです。

商品力から営業力の時代へ

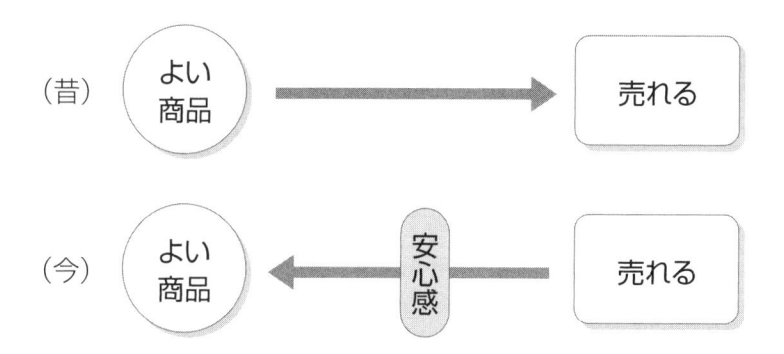

売れる要因

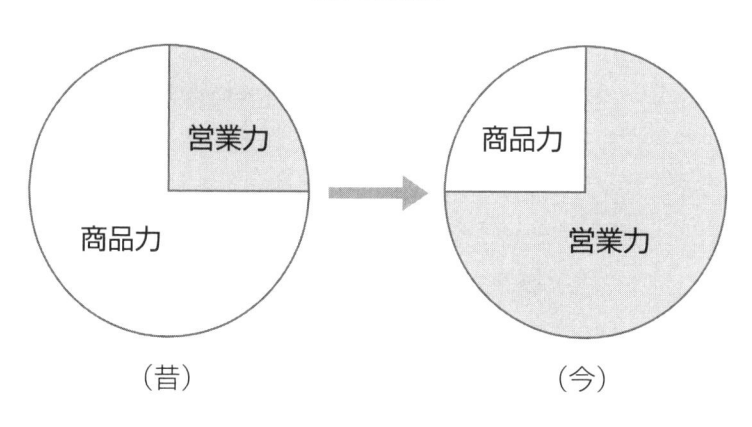

(昔)　　　　　　　　　　(今)

商品がよければ売れる時代は過去のこと。今は営業力が重要で、売れる商品がよい商品となる。

5

顧客不満を解消しよう

人は満足が得られないと買わない。不満を増大させる要因は、お客様の話を聞かないこと。

◆失注の最大要因は、質問の軽視

失注の多い6割の第2階層にはまじめな営業マンが多く、そのため一生懸命に話をしようとします。結局、これが失注につながる最大の要因となっているのです。

具体的なケースとしてはいくつかありますが、**もっとも問題なのは、お客様が投げかけてきた質問を軽視するケース**です。

サラリと答えておしまいにし、再び自分の話に戻るわけですが、これは営業マンの意識が、お客様に対してではなく、自分の側にあるためです。

こうなると、商品を売ることだけを目的にしていることが、お客様の側から丸見えとなります。

重要なことは、質問の背後にあるものに気づくことです。なぜそのようなことを聞いたのかを、聞いてみることです。

たとえば、値段を聞いただけでも、その背後にはいろんな課題があります。絶対に譲れない予算があるかもしれないし、他社の製品の値段と比較しているのかもしれません。

そうしたことを営業マンが聞くことによって、それに対する解決策を提供できるようになります。

◆高額商品ほど満足が必要

また、店頭において営業マンがお客様の目線や動きに関心を払っていないばかりに、お客様が営業マンの話を聞きたいと思っているときにまったく来ないで、逆にただ漫然と見て回っているときに「どうですか？」と近づいてくる。これでは、不愉快になるのは当然です。

満足が得られないと買わない傾向は、金額が高くなるほど顕著になります。

たとえば高級ホテル。部屋も見晴らしもすばらしく、食事もおいしい。しかし、ホテルマンの心ない言動だけで「もう二度と来ない」となります。

また、商談の土壇場で値引きすることも不信感となります。結果として値引きは嬉しいですが、土壇場で値引きするのであれば「最初から値引きしろよ」と思われてしまい、営業マンに対する不信感が芽生えます。特に、メンテナンスが必要なものや、サービスが継続する商品では御法度です。

お客様の不満を増大させないカギは、やはりお客様の話を聞くことにつきます。

では、次のページから、実際にどのようにしてお客様の不満が増大しているのか、実際のロールプレイングをいくつかお見せしながら紹介したいと思いますので、参考にしてください。

お客様を無視して一方的に説明するケース

販売員　　　　　　　　　　　　　　　　　　　　お客様

Ｂ社のＤＶＤレコーダーを
探しているのですが

最新式のものですね？

だと思います

Ｂ社のこのシリーズは
とにかく×××で

もともとは×××だったのですが
×××になってからは×××で

だから、×××して
×××で……

そんなこと
どうでもいい！

はあ……

しかし、今一番売れている
Ａ社製のものは
録画方式が違うタイプです

Ｂ社のはダメってこと？

録画用DVDを購入するときは
それぞれの対応で使えるＤＶＤを
選ぶ必要があります

Ａ社の×××は×××で……
Ｂ社の×××は×××で……

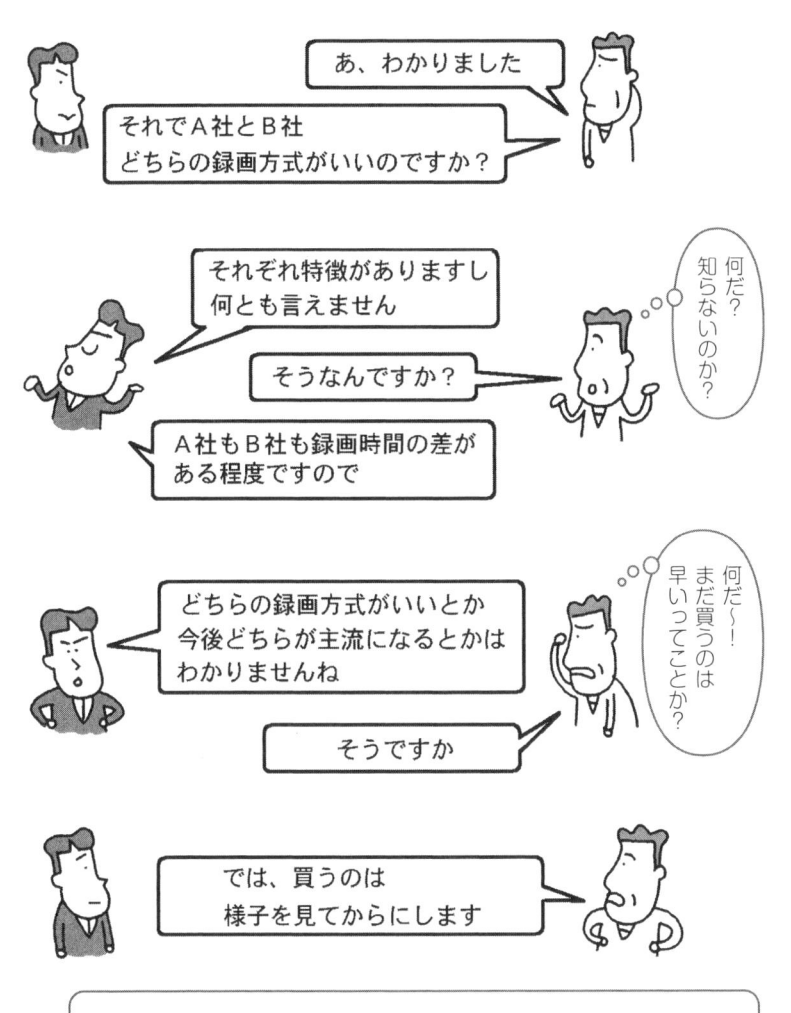

営業マンが一方的に商品説明を始めて、お客様はうんざり。さらにお客様の質問に対して誠実に答える様子もない。営業マンに対するお客様の信頼はなくなり、買う気も失せた例。

クドクド説明するケース

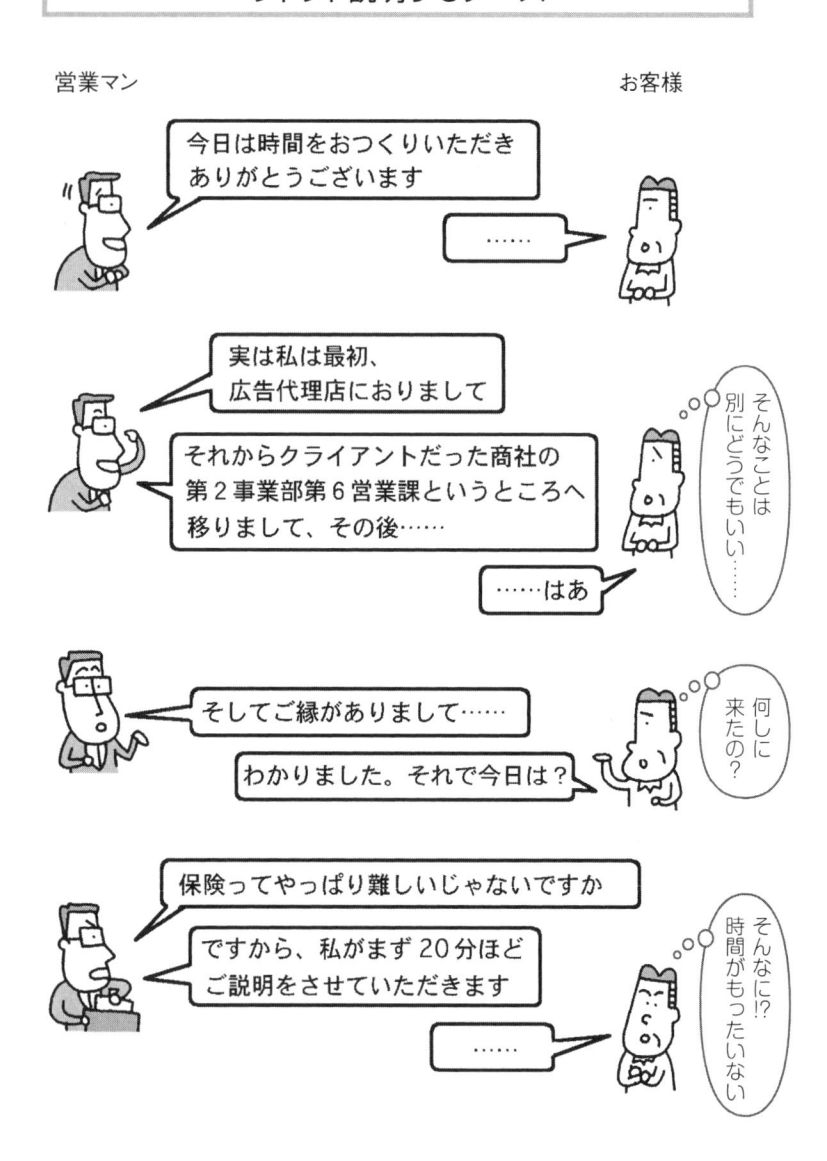

営業マン　　　　　　　　　　　　　　　　お客様

今日は時間をおつくりいただき
ありがとうございます

……

実は私は最初、
広告代理店におりまして

それからクライアントだった商社の
第2事業部第6営業課というところへ
移りまして、その後……

別にどうでもいい……
そんなことは

……はあ

そしてご縁がありまして……

わかりました。それで今日は?

何しに
来たの?

保険ってやっぱり難しいじゃないですか

ですから、私がまず20分ほど
ご説明をさせていただきます

……

そんなに!?
時間がもったいない

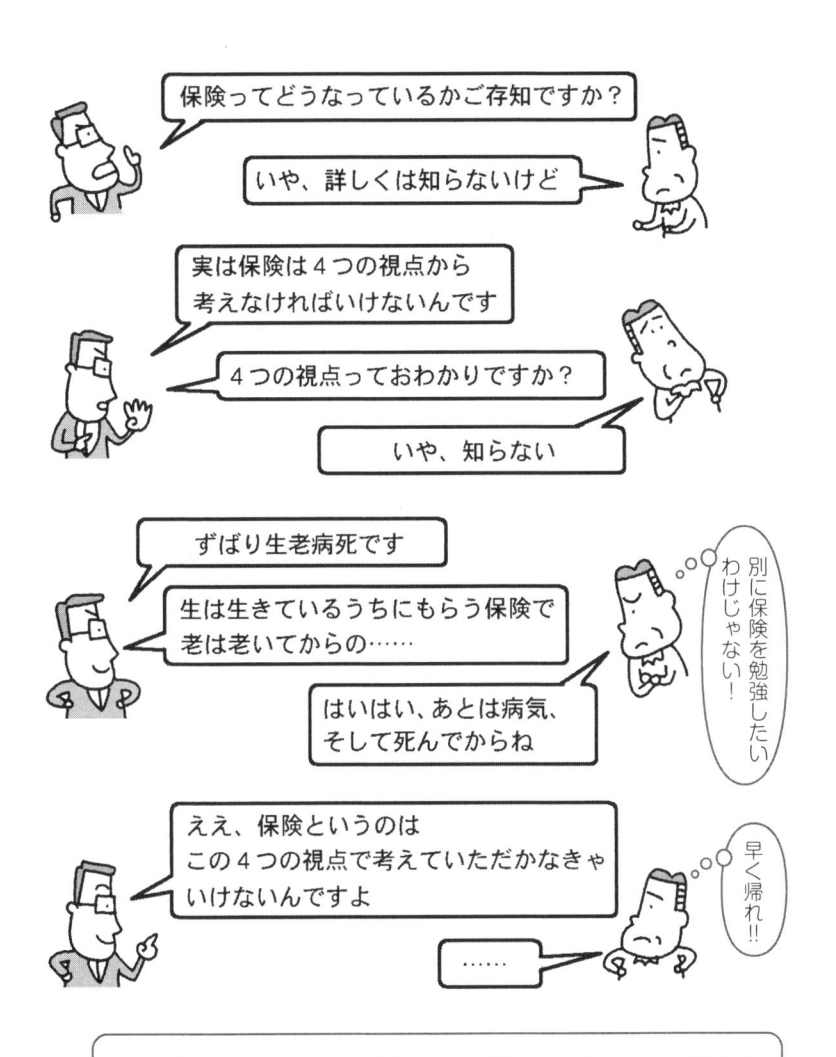

保険ってどうなっているかご存知ですか？

いや、詳しくは知らないけど

実は保険は４つの視点から
考えなければいけないんです

４つの視点っておわかりですか？

いや、知らない

ずばり生老病死です

生は生きているうちにもらう保険で
老は老いてからの……

はいはい、あとは病気、
そして死んでからね

別に保険を勉強したい
わけじゃない！

ええ、保険というのは
この４つの視点で考えていただかなきゃ
いけないんですよ

早く帰れ!!

……

お客様が聞きたくもない話をクドクドしてしまうと、お客様は
時間を奪われた感覚になり、営業マンの話を聞くこと自体が嫌
になる。

売り込みに熱中してしまうケース

販売員

お客様

販売員： いらっしゃいませ！デジカメをお探しですか？

お客様： ええ

お客様： このＡ社の商品ってどうなんですか？

販売員： よく出ていますよ コンパクトさが受けていると思います

お客様： そうですか。結構いい値段ですね

販売員： そうですね。人気機種ですし

販売員： 機能としては こちらの新しく出たＢ社のものが Ａ社よりも充実していますよ

販売員： 特筆すべきは、シャッター機能です

お客様（心の声）： そうじゃなくＡ社の商品が聞きたいのに！

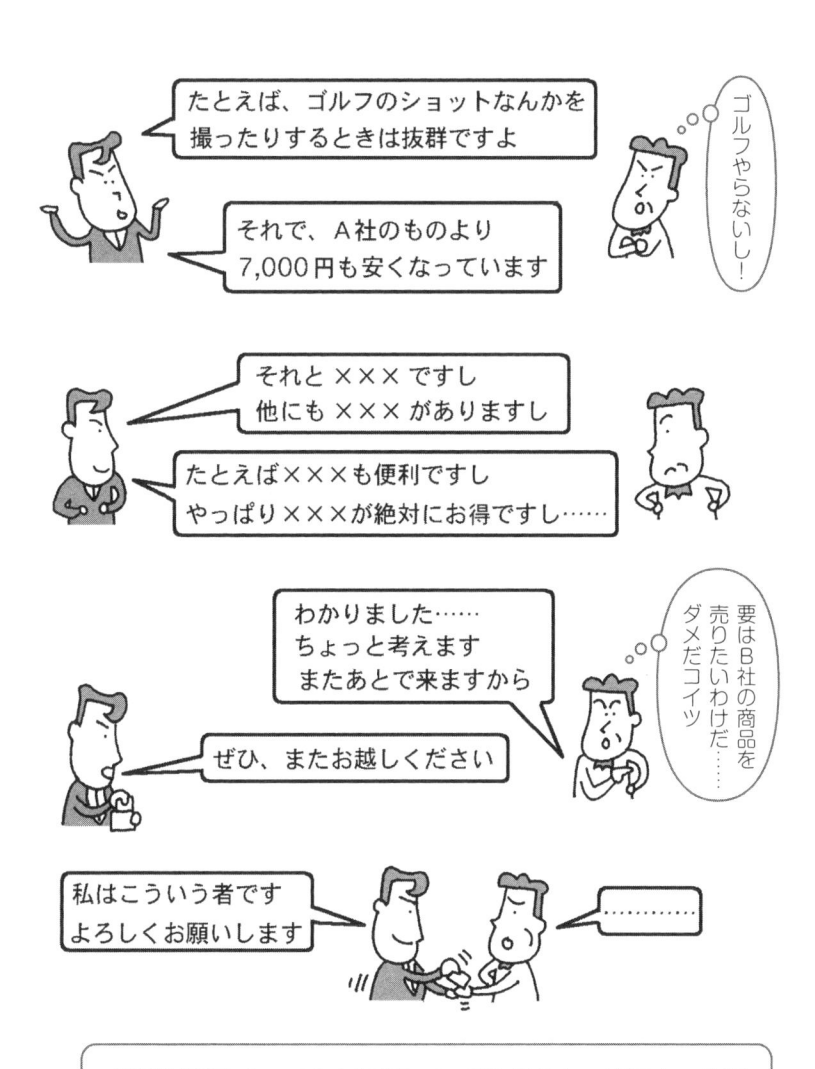

お客様が知りたいことを無視して、売り込みたい商品を一生懸命にアピールするが、それが逆にお客様の反感を買っているケース。

販売員　　　　　　　　　　　　　　　　　お客様

これまでは他のデジカメをお使いでしたか？

ええ、C社のものを

人気がありますよね
でも大きくて重いでしょ

へえ～
感じがいいワ

そうなんです
持ち歩くのが面倒で

野外で撮ることが多いんですか？

ええ、子どもが野球をしていて試合を撮ります

お子さまは何年生ですか？

小学校の5年生です

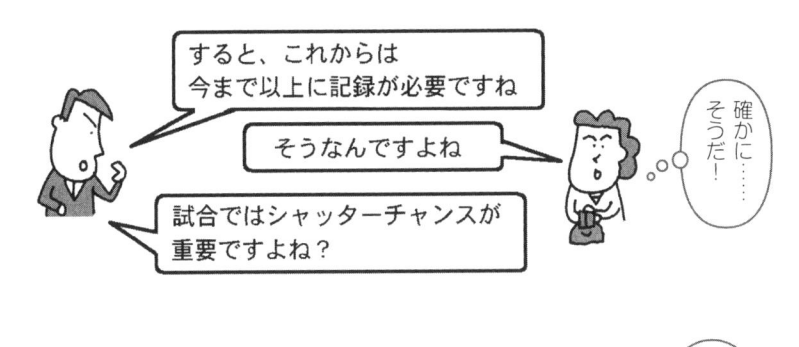

すると、これからは
今まで以上に記録が必要ですね

そうなんですよね

確かに……
そうだ！

試合ではシャッターチャンスが
重要ですよね？

そうなんですけど、デジカメは
構造上難しいでしょう

今まではそうだったんですが
最近のものでは
タイムラグが出ないで
シャッターを切れるものが
出てきたんです

そうそう
いつも息子が打つときの
写真がブレているのよ！

そうなんですか？　どれですか？

このB社のタイプがそうなんです

へえ～
それはいいワ！

72～73ページのケースでは、自分が売り込みたい商品の説明に一生懸命になって失敗したが、こちらの成功事例では、聞くことに徹してお客様のニーズをとらえることができた。

6

お客様に利用価値を
見つけてあげよう

お客様にとって商品の利用価値は千差万別。難しい商品
説明では失注する。

◆商品の利用価値は人によって違う

　一生懸命に話をする営業マンにとって、その商品の利用価
値の範囲は狭いことが多いものです。つまり、メーカーが意
図した、あるいは自分が知っているその商品のメリットやウ
リや特異性だけが、その商品の利用価値だと思い込んで営業
します。ところが実際には、売り手側が考えている範疇を越
えた利用価値を、お客様側がその商品に対して求めているこ
とがあります。この「**お客様にとっての利用価値を見つける**」
ことが、営業マンの腕の見せ所で、そこがわかると、まさか
こんな商品が、と思っていたものが売れることがあります。

◆アラスカで冷蔵庫を売る

　その真偽は別にしても、たとえばこんな逸話があります。
「アラスカで冷蔵庫が売れる」。すべてが凍ってしまう厳寒
のアラスカにおいて、ものを冷やす冷蔵庫が売れるわけがな
いと思いがちですが、冷蔵庫はものを冷やすだけではありま

せん。一定の温度に保つ働きもあります。何もかもが凍ってしまうので、凍らないようにするために冷蔵庫を利用することがあるのです。

部屋の中を温かくしていると腐るけれども、屋外に出しておくとカチンカチンに凍ってしまうので、冷蔵庫で適温をキープするという役割を果たすこともあります。

２つ目は「サウジアラビアで暖炉が売れる」。灼熱の国で、なぜゆえ部屋を暖める必要があるのでしょう？　暖炉の役割を部屋を暖めるということだけで見てしまうと、この背景にあるものは見えてきません。

実は、欧米の金持ちの家には暖炉があるということで、サウジアラビアの大金持ちがひとつのステータスとして暖炉を置くというのです。もちろん、マキはくべないと思いますが、石油王や王侯貴族などの一握りの特権階級にとっての利用価値が、そこにはあるわけです。

◆利用価値はお客様が決めるもの

話の真偽は別にしても、要は、**商品の利用価値は、お客様が決める**ということです。

営業マンが一方的に商品の話をするだけでは、お客様の背景にあるものは絶対に見えてきません。生活や趣味などを聞かないと見えてきません。逆に言えば、「こんなことに悩んでいるかもしれない」「こういうニーズがあるかもしれない」「こうすれば喜ぶかもしれない」という引き出しや視点をたくさんもっている営業マンやマネジャーは、優秀だというこ

とになります。

　お客様に関心をもって聞いていく中から、そうした視点がたくさん生まれてきます。

◆難しい商品説明をすると失注する

　そう考えると、商品に対して固定観念をもつ必要はありません。営業のやり方次第によって、どのようにでも活路を開いていける可能性があるのです。

　何度も言いますが、**今という時代においては、問題は商品の良し悪しよりも、営業の良し悪しなのです。**

　こんな話があります。ある靴メーカーが海外進出を目論んで某発展途上国に視察に行きました。そこでは靴を履いている人はほとんど見かけませんでした。

　この現状を目にしたＡ調査員は「誰も靴を履いていません。これでは見込みはありません」と撤退を主張しましたが、Ｂ調査員は「誰も靴を履いていません。これは大チャンスです」と今こそ進出を決断するように主張しました。

　営業サイドが、どう利用価値を見つけるか、なのです。

　商品説明を異常に詳しくして得意気になっている営業マンを時々見かけます。

　それが自分にとっての存在証明なのでしょうが、お客様にとっては、大迷惑です。自分の利用価値に目を注いでくれない営業マンの難しい話は、まったく意味がないのです。失注の大きな原因がここにあります。

「凍らせないために冷蔵庫を利用する」

「暖炉があるのは金持ちである証拠」

営業マンの単なる自己満足で終わるケース

販売員　　　　　　　　　　　　　　　　　　　　お客様

いらっしゃいませ！
液晶テレビですか？

ええ……

何と言っても液晶は
画面が鮮明できれいなのが特徴ですから
スポーツなどは特に
リアルでいいと思います

この人、
何言ってるの？

それに以前は従来のテレビに比べて
見られる角度が狭かったのですが
今はまったく変わらない角度で
見られるようになっています

このＡ社のものは
液晶では後発なのですが
ブラウン管テレビでは
実績もあるので
商品的にもＢ社のものと比べて
遜色はありませんね

あなたの説明
聞きに来たんじゃ
ないんだけど……

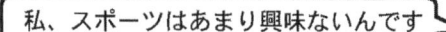

私、スポーツはあまり興味ないんです

まあ、スポーツは
ひとつのたとえでして

映画や音楽番組でも同じです

また、内蔵スピーカーも最新式ですから
音響効果もすばらしいですね

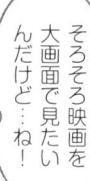

そろそろ映画を
大画面で見たい
んだけど…ね！

付属の専用スピーカーを
付けていただければ
さらにすばらしい音になります

だから
アンタの説明聞きに
来たんじゃないの！

というのも、×××が×××なので
×××のときは×××で……
うちでも力を入れて販売しておりますので
お勉強できます

いかがですか

すみません

室内音響は
もうC社のものを買っています

ダメだ
コイツ！

ここで紹介する例は、立て板に水のセールストークを展開する
営業マンだ。お客様の利用価値をまったく考えていないので、
単なる自己満足で終わっている。

7

現場の営業マンをサポートする

マネジャーの仕事は、営業マンの誤解や問題点を指摘し、
お客様の不満を解消すること。

◆問題点に気づかせる

失注率の軽減のためには、これまで述べてきたようにお客
様の不満を解消することが重要です。それをするのが、マネ
ジャーの仕事です。

なかでも6割の中間層の営業マンはまじめですから、マ
ネジャーの言うとおりに一生懸命に営業に回ります。

しかし、前述したような理由によって、お客様の不満を増
大させてしまい、結果につながりません。しかもその理由に
気づいていません。

そこに気づかせ、修正させることができるのが、マネジャー
なのであり、それこそが最大の仕事なのです。

第5節、第6節で紹介した営業マンのロールプレイのよ
うなものを見せて、「お前さ、お客様の質問に答えていない
よな」と指摘することで、営業マンははっきりと問題点を自
覚できます。

最悪のマネジャーは、「押しが弱いからもっとがんばれ」

とか「値引きもするんだ」とか「粘れ」「お願いしろ」と言うだけです。これでは営業マンの成長にはつながりません。

◆プロセス管理シートで問題点を見つける

マネジャーが営業マンの問題点を見つけ出すために、**私の会社ではプロセス管理シートを使っています**。何件訪問して有効商談は何件か、簡単な履歴がわかるようにしていますが、これだけでも改善ポイントが見えてきます。

たとえば、訪問件数が多いのに受注率が低い営業マンは、よく言えばまじめに営業しているのですが、お客様からの視点が欠けていることがうかがえます。

そうすると、有効商談の中身がどうなっているのかを書かせて、問題点を浮かび上がらせます。「価格が高いと思っている」とか「他社と比較検討している」などと、上っ面の情報しか書いていない場合は、「なぜ、お客様はそう思っていると、君は思うのか？」とさまざまな質問をしながら、お客様の背後にあるものを浮かび上がらせるのです。これを繰り返しながら、問題点や欠けている部分に気づかせています。

この繰り返しの中で、お客様の話を聞き、情報を得、その背後にあるものに気づくことが重要であることを、皮膚感覚で理解させていきます。

◆上っ面の行動管理はやめよう

逆に、5件回って1件決まっている場合は、受注率が高く、営業マンがお客様の視点に立っていることがわかります。し

かし半面、訪問件数が少ないわけで、その部分を指導して訪問件数を増やせば受注はさらに増えていきます。

行動管理はどの会社でもやっていることですが、その多くは、「もっと訪問件数を増やせ」とか「20件で2件決まっているんだから、40件行って4件決めろ」という上っ面のマネジメントが多いです。

そうではなく、前述したように、営業マンが営業に対して抱いている誤解を解いて、なぜ受注が増えないのかを理解させて、20件行って2件決まっていたものを3件決められるようにすることに力を注ぐべきです。

◆お客様から見た視点をたくさんもつ

営業マンの問題点を見つけ出し、適切なアドバイスをするためには、同行営業も重要ですが、それよりも大事なことは、マネジャー自身がその商品を買うのは、どのような層なのか、どんな目的で買うのか、どう使うのか、そういう**お客様の視点をたくさんもっていること**です。

この引き出しが多いほど、営業マンとお客様が話しているシーンをドラマを見るように客観的に俯瞰することができます。そうすると、問題の解決策はいくらでも出てきます。

そのためには、自分が実際に店に出かけて営業を受けて買うことで、買ったポイントや買わなかったポイントが何だったのかを分析しながら、買い手の心理を客観的に理解することも重要です。

客観的視点というのは、文字通り「客から見た視点」です。

プロセス管理シートで問題点を見つけ出す

■各月商況

Q3	新規コール・コンタクト			アポイント獲得数		新規訪問数			プレゼン数			契約数		
	コール数	コンタクト数	%	アポ数	%	目標	実績	%	目標	実績	%	目標	実績	%
10月	560	72	12.9	3	4.2	3	9	300.0	2	243	12150.0			
12月														
11月														
Q集計	560	72	12.9	3	4.2	3	9	300.0	2	243	12150.0			

■各週商況

10月	新規コール・コンタクト			アポイント獲得数		新規訪問数			プレゼン数			契約数		
	コール数	コンタクト数	%	アポ数	%	目標	実績	%	目標	実績	%	目標	実績	%
10/1~10/5	280	34	12.1	2	5.9	2	8	400.0	2	241	—			
10/6~10/12	280	38	13.6	1	2.6	1	1	100.0	2	2	100.0			
10/13~10/19														
10/20~10/26														
10/27~10/31														
月間集計	560	72	12.9	3	4.2	3	9	300.0	2	243	12150.0			

プロセス管理シートを使えば、営業マンの問題点を見つけ出すことができる。その際、マネジャーがお客様の視点をたくさんもっていること。

普通のリーダーが　　組織を勝たせる

　トップ営業マンは必ずしもトップマネジャーにはなれません。なぜならば、トップ営業マンは往々にして自分で手柄をあげたがる傾向が強いからです。

　もし、マネジャーが「俺が全部やったんだ」というようなやり方をした場合、精神力の強い部下は、そうした上司を反面教師として「自分は将来こんな上司にはなるまい」と思ってがんばりますが、他の部下は腐ってしまいます。

　また、バブル時代にはよくありましたが、こういうトップ営業マンがマネジャーになると、部下を追い込み、数字を上げるために架空受注などの不正も生まれてきます。

　トップマネジャーは、営業マンを客観的に見つめながら的確に問題点を指摘し、具体的方法を提示することで成績を伸ばし、営業マンをヒーローにさせてあげられる人です。トップ営業マンとは異なり、人の気持ちがわかり、バランス感覚もなければなりません。

　つまり普通の視点をもっているリーダーがトップマネジャーの要件なのです。

第**3**章

アプローチの精度を上げる

アプローチの精度を上げないと、売上は伸びません。そのためにはキーパーソンに会うことが最重要課題です。キーパーソンは誰なのか、どうすれば会えるのかを考えることに時間や手間をかけましょう。

1

お客様が会ってくれない
理由を考えよう

曖昧なアプローチだから会えない。重要なことは、メリットをはっきりと言うこと。

◆売る側の都合でアプローチしてはいけない

　営業マンが、お客様にアプローチをしてもなかなか会えない典型的なのは、「**売る側の都合で**」**アプローチするケース**です。

　営業マンは、お客様に迷惑をかけないように、あるいは失礼にならないようにと思って、こんなトークでアプローチすることがあります。

「この地区の担当になりましたので、ごあいさつだけでも」

「セールスではなく調査にまいりました」

「お時間は取らせませんので、5分だけでもお話を聞いていただきたいのですが」

「今日は特売日なので、お安くしますので、ご検討ください」

「お名刺交換だけでもさせてください」

「アンケートに答えていただけないでしょうか」

　いずれも、お客様を怒らせまいと遠まわしにアプローチしているのですが、結果としてはすべて売る側の都合です。

「この地区の担当になりました」と言われても、お客様にとっ

遠まわしのアプローチは、「売る側の都合」が多い

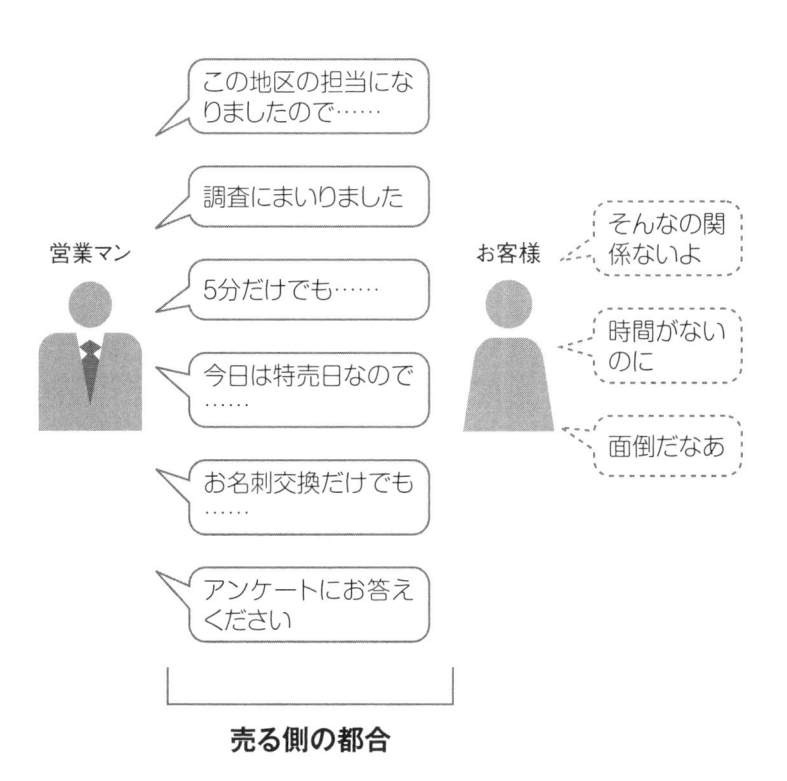

営業マン

この地区の担当になりましたので……

調査にまいりました

5分だけでも……

今日は特売日なので……

お名刺交換だけでも……

アンケートにお答えください

売る側の都合

お客様

そんなの関係ないよ

時間がないのに

面倒だなあ

お客様の迷惑にならないようにと思って遠まわしにしているアプローチは、売る側の都合であって、逆に迷惑になっている。

ては「別にそんなこと知ったこっちゃないよ」という感覚です。少し考えればわかることなのですが、平気でこういうアプローチをしています。

◆売ることは悪いことではない

「お客様にお金を使わせること自体が悪いことだ」と考えている営業マン、あるいは「売り込んではいけない」と思っている営業マンもよく見かけます。

　ビジネスというのは、対価とメリットの交換です。お客様からすれば、お金を払ってメリットを手に入れ、売る側からすれば、メリットを与えることでお金をもらいます。

　お金を使わせることが悪だと考えているのは、お客様に与えるメリットがないと思っているからです。いいことが何もないのにお金だけもらう、これは詐欺です。

　たしかに、「おめでとうございます。あなたは○○に当選されました」などと言ってものを売ろうとする本当の詐欺もありますが、これはごくまれで、多くの営業マンは、まじめな商品をまじめに売ろうとしているわけです。なのに、**ものを売ること自体が悪いことのように思うのは、まちがいです。**

　なぜ、こんなことが起きるのでしょうか？　それは、自分自身が過去にメリットがはっきりとしない悪いアプローチを受けすぎているからです。

　だから、営業マンが来ると嫌だと思うし、自分も営業することが嫌だと思っています。日本の営業の悪い慣習が染み込んでしまっているのです。

◆お客様のメリットをはっきり言う

こうしたまちがったアプローチを変えるためのカギは何か？　それは「**買い手のメリットを考える**」ことにつきます。

具体的に言えば、自分のところの商品をどう使えばお客様のためになるのか、その商品によって1万円儲かるとか、1万円経費削減できるとか、「お客様の得になる話をするには、どうすればよいか」を考えるのです。

お客様にとって本当に得になる話をすれば、お客様は営業マンの話を聞いてくれます。

なのに、「この地区の担当になったので……」などと言うから、「うるさいな」と思われてしまうのです。

◆話を具体的に切り出そう

得になる話ができないのは、事前準備をしていないからです。

商品知識ばかりを頭に詰め込んで、その商品を使って何ができるのかまで考えがいたっていないから、得になる話ができないのです。

「この商品を使うことによって、こういうメリットがありますよ」ということが言えれば、最初の挨拶を短時間で終えたあとは、ズバッと本題に入ったほうが賢明です。

もしその話が当たっていれば、話を聞いてくれるし、当たっていなければ「そういうものは、うちには必要ない」と本音を言ってくれます。

そうすると「じゃあ、どのようなものがあればいいです

か？」と話を進めて、そこから「営業」に入ることができるのです。

それを「調査をさせてください」とか「5分だけでも」とか言うのは、お客様にとっては時間の無駄にすぎません。

お客様に迷惑をかけないようにと思って話している内容が、実はお客様にとっては時間泥棒という大迷惑になっていることに気がつかなければなりません。

曖昧な話よりも、具体的な話をズバッと切り出したほうが相手も答えやすいのです。

◆メリットのないビジネス上の人間関係はありえない

営業する前に、まずは取引先と人間関係を結ぼうと考える営業マンがいます。

それも大事ですが、ビジネスにおける人間関係は、商品を買ってもらってから始まるものです。

なかには、仕事抜きで人間関係を築くお客様もまれにいますが、そういう人は、その会社の中ではキーパーソンでないことがほとんどです。

こんなケースがあります。丁寧に人間関係を構築している間に、そのお客様が他社の商品を買って、営業マンは裏切られたような気持ちになるというケースです。

「エッ？　どうして他社の製品を購入されたのですか？」

「だって、あなたは全然売ろうとしなかったじゃない」

メリットがないビジネス上の人間関係は、基本的にありえないのです。

事前準備をして、メリットをはっきり言う

Point
メリットを言う

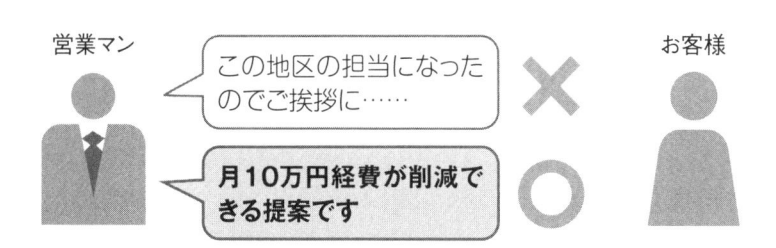

営業マン　　この地区の担当になったのでご挨拶に……　　　✕　　お客様

月10万円経費が削減できる提案です　　　◯

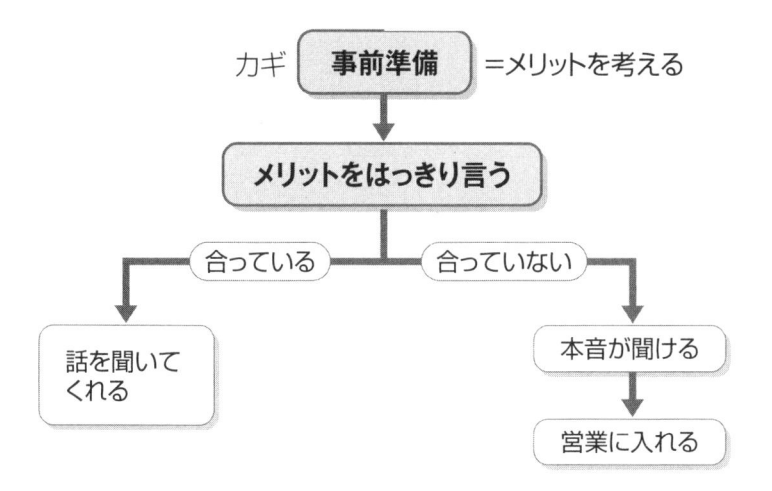

カギ　**事前準備**　＝メリットを考える

↓

メリットをはっきり言う

合っている　　　合っていない

話を聞いてくれる　　　本音が聞ける　　　営業に入れる

アプローチを成功させるカギは事前準備をして、商品購入によるお客様のメリットをはっきり言うことに尽きる。

2

お客様の「情報」を
調べよう

仮説を立てるためには、顧客情報を集め、情報を蓄積で
きるシステムをつくる。

◆情報を集めることが成功の第一歩

アプローチを成功させるためには、事前準備をして、お客
様のメリットを考えることが重要だと述べましたが、事前準
備のためにまずすべきことは、**営業先の会社の情報を集める
こと**です。

ところが、「従業員は何人か？」「何をして儲けている会社
なのか？」、こうした基本的な質問に対して答えられない営
業マンが時々います。自社の商品情報や自分が担当している
部署の周辺情報に関してはよく知っているのに、お客様の会
社全体のことを知ろうとしないのです。

商品購入に関しては、その部署だけで判断するのではなく、
会社全体の中で決断することが多いのですから、これは必ず
必要なことです。

◆さまざまな情報源で事前にチェックする

情報源としては、昔は会社案内パンフレットが一般的でし

たが、今はほとんどの企業がホームページをもっているので、まずはそれをチェックしましょう。

　また、初回訪問でいきなりもらうことは難しいことが多いのですが、営業案内を出してくれるところもあるので、聞いてみたいところです。

　上場企業であれば、『会社四季報』などの情報源は必ずチェックしておかないと話になりません。万一、株価が低迷を続けているときに、挨拶代わりに「絶好調ですね」などと口を滑らしたら、「嫌味言っているのかね？」となりかねません。

　また、求人広告なども、会社内部の状況を判断する好材料となります。自分のことを知ってくれているというのは、相手側にとっては嬉しいもので、営業する側としてはひとつのマナーでもあります。

◆情報から仮説を立てる

　そうした情報源から見るべきポイントは何かというと、売上の増減や各部門の売上シェアなどの数字的なものは当然として、**ヒトやモノの増減も重要**です。社員は増えているのか減っているのか、事業所は増えているのか減っているのか、ということです。

　単純な例ですが、これだけ人が増えているのであれば車も必要だろう、拠点数がこれだけあればパソコンもある程度必要だろうと、仮説が立てられます。

　減っているのであれば、その原因は何なのか、課題が見え

てくるかもしれません。また、人は減っているけれども売上が増えているのであれば、何かを効率化していることが想像されます。

このように、基本的な数字とヒトやモノの増減を見ていくと、営業によって問題解決できることや、提案できる余地が見えてきます。収集した情報から、「こういうことに困っているんじゃないか」と仮説を立てることができれば満点です。これが初回訪問するときのファクトファインディングするときのキーになります。

◆会社として営業履歴を残すシステムをつくる

情報収集して仮説を立てる場合にベストなのは、その会社とのつき合いの中で、毎回の営業履歴を細かく積み重ねて、それをデータベースとして残しておくことです。

なぜなら、情報はそのときだけの一時的な情報よりも、昔からの履歴としての情報のほうが、精度が高い仮説が立てられるからです。歴史は繰り返しますし、履歴の中からその会社の傾向や考え方や方向性が見えるからです。

ところが、実際の営業現場では、顧客情報を蓄積していなかったり、頭の中だけに入れていたり、なかには、担当者が替わって情報が次の担当者にまったく伝わっていないこともあります。残している場合でも、せいぜい紙ベースです。

こうした問題を解決する一番いい方法は、**組織として、顧客情報をデータとして自動的に蓄積していく方法をつくること**です。

情報を集めて仮説を立てよう

情報源

| ホームページ | 会社案内パンフ | 営業案内 | 会社四季報 | 求人広告 |

など…

↓ チェック

見るポイント

各種数字
（売上の増減、各部門の売上シェア……）

＋

ヒトやモノの増減

仮説立て

問題解決できることは何？
提案できることは何？

さまざまな情報源から情報を拾い上げて、どんなことが提案できるかなど「仮説立て」をしよう。

3

データベースで「情報」を蓄積しよう

マネジャーの仕事は蓄積された顧客情報から正しいヨミの管理と指導を行なうこと。
（※ヨミとは「売上数字見込み」のこと）

◆部署全体で情報を共有する

　的確な仮説を立てるために重要な情報収集は、前節でも触れましたが、紙ベースではなく、データベースとしての情報の蓄積です。営業マン一人ひとりが、パソコンを使って、必要事項に簡単にチェックを入れたり、記入することによって、**必要な情報が自動的に収集されるシステムをつくる**ことです。集められた情報は、逐次マネジャーがチェックでき、あるいは部署全体で情報を共有できるようにします。

　さらに、統計的なものに集約して、グラフや表などに視覚化すれば、問題点や課題がはっきりと具体的に、見えてくることも可能です。

◆正しい指導がマネジャーの最大の仕事

　売上を上げるカギは、そうやって収集した顧客情報を基にしたミーティングです。マネジャーの極意といってもいいのですが、営業マンが記入したお客様の事実情報を基に仮説を

立て、指導をするのです。

　仮説立ては、お客様に対してと同時に、営業マンに対しても行ないます。たとえば見積もりを何度提出しても決まらないケースでは、ほとんどの場合、まったく可能性がないのか、キーパーソンに会っていないのか、のいずれかです。前者であれば無駄な労力は他に回すべきだし、後者であればキーパーソンに会うことが何よりも重要です。

　前述したように、決裁権のない人にいくら会っても、正しい情報がつかめていないので、プレゼンテーションそのものが的外れになってしまいます。会う人を替えれば「そういうことであれば、1,000 万円でも 2,000 万円でも使っていい」というような、どんでん返しがよくあります。

　このように、**正しい情報から正しい仮説立てを、お客様と営業マンに対して行い、その上で営業マンに指導するのが、**マネジャーの最大の仕事なのです。

◆管理ツールを使おう

　具体的な管理ツールとして、「ヒアリングシート」というものがあります。一例として 101 ページに掲載しておきましたので参考にしてください。非常にシンプルなもので、入力するのは営業マンです。ほとんどの項目は単語、単文記入で、極力短い時間でできるようにしています。誰もが等しく、そして漏れなくやれるシステムです。

　まず「事前準備」のなかには、事前準備すべきさまざまな項目があって、それを実行したか、しなかったかをチェック

します。次の「アプローチ」では、各項目をファクトファインディングできたかどうかをチェックし、「プレゼンテーション」でも同様にチェックをします。この流れとは別に、有効商談においてファクトファインディングできたお客様の顧客情って情報が蓄積され履歴が残ります。近年では、SFA 管理ツールがありますが、あくまでもツールです。結局は営業が情報を入れないとなりません。結局は、PC ソフトが全ては解決してはくれません。ここは、肝に銘じて下さい。

◆合理的に数字を管理する

これを基に、マネジャーはヨミ管理をします。

各営業マンはヨミランクを入力してもらっているので、マネジャーは、キーを押すだけで、A ランクのヨミがどのくらいで、B ランクがどのくらいかが瞬時にして出てきます。

そうすると、目標を達成するためには、A ランクだけでいけそうなのか否か、推測します。難しいと判断した場合には、B ランクに目を移して、営業マンに 1 社ずつ詳しい状況を聞きながら、作戦を立てるわけです。

こうして最終的に数字の管理をします。**気合や根性ではない、合理的なマネジメントがここにあります。**

こうした情報履歴をチェックすることで、各営業マンに対する正しい指導も見えてきます。キーパーソンに会えていないか、正しいファクトファインディングができていないことがわかれば、プロセスをその段階まで戻して再度正しい営業へと向かわせるわけです。これが、マネジャーとしての仕事です。

管理ツールの一例「営業ヒアリングシート」

採用全体について							
新卒、中途の年間採用計画							
新卒採用編							
今年の結果（例：どうでしたか〜？ の感じ）							
新卒採用の目的							
新卒採用の目標人数		着地		使った予算		採用HP事前チェック	Yes・No
■エントリー							
今年の人数		昨年の人数		前年対比			
掲載媒体、出展フェア、その他（集客チャネル）							
■説明会							
人数		開催時期				開催回数	
開催エリア							
内容 プレゼンター				パンフ			
内容 映像				PPT			
■面接							
人数				適性検査の有無			
面接担当	企業側人数			学生人数			
採用基準（求める人物像MUST、WANT項目）							
■内定出し・内定フォロー							
人数				辞退率			
内定出しの方法							
内定フォローの実施内容							
実際に内定承諾（採用）に至った人材は?（学歴・文理・体育会・バイト・サークル等）							
過去3年間の新入社員人数、離職率、活動具合、レベル感							
■全体を通して							
今年の課題・改善したい点							
来年予算・実現したい事							
決裁ルート							

206〜207ページに記入例があります。

紹介したのは「求人」に関する営業のヒアリングシートです。業種や会社によって個別のものを用意しましょう。

4

3つのポイントで
キーパーソンに会おう

初回の電話アプローチのポイントは３つ。特にメリットを言い続けることが重要。

◆**初回の電話アプローチでは3つだけを話す**

初回の電話アプローチでキーパーソンに会うためのポイントは、３つです。**自分を名乗る、メリットを言う、キーパーソンへの取次ぎをお願いする。**

１番目は当然ながら、自分がどこの誰かを名乗ります。
「私は○○会社の○○と申します」

２番目は、これがもっとも重要ですが、自分と会うことのメリットをはっきりと単刀直入に言うことです。
「御社の人件費を最大で30％下げることができるというお話でお電話しました」

３番目は、キーパーソンへの取次ぎをお願いすることです。
「人件費削減に関する責任者様にお取次ぎ願えますでしょうか？」

広告に関するメリットであれば広告の責任者、採用に関するメリットであれば人事部の責任者、通信料金に関するメリットならば総務部の責任者に取り次いでもらうといいで

しょう。

　中小企業であれば、ほとんどの場合、キーパーソンは社長なので最初から社長に取次ぎをお願いすべきです。

　初めての電話は緊張するので、多くを話そうとしても要領を得ず、うまく伝わらないので、3つだけを意識して話します。

◆いきなり結論から話す

　結論から話すことが重要です。

　自社商品の説明や電話した理由を長々と話しているうちに、切られます。

　そうならないためには、「御社の人件費を半分にするお話でお電話しましたので、社長にお取次ぎください」と、結論を先に単刀直入に言うのです。

　それでもだいたい先方は、「今、社長は忙しいので……」などと言って断わります。

　いろんな電話がくる中の1本ですからそれは当然のことで、だからこそ、メリットをはっきりと伝えることが重要です。「そうだとは思いますが、人件費が30%も下がるお話なんです」と食い下がってください。

◆メリットを連呼しよう

　それでも窓口担当者というのはほとんどの場合、営業マンの話を聞いていません。

「間に合っていますから」

「でも、人件費を下げるお話なんです」

「結構ですから」

「それは下がらなくてもいいということなんでしょうか？」

　ここまで食い下がります。多くの営業マンはあまりしつこくすると嫌われてしまうと思って、ここまでの押しができません。

　しかし考えてもみてください。窓口担当者には嫌われても何の問題もないのです。人件費を下げる権限はないのだし、そんなことは考えてもいないのです。

　営業マンとして真摯に食い下がることで、キャッチボールが始まることがあります。

「今、会議中なので」

「何時に終わりますか？」

「コピー会社の方が、どうして人件費なのですか？」

「事務員が 10 人必要なところを 3 人ですませられるようになります」

　という具合に、とにかく、メリットを言い続けます。

　会社というのは、利益を上げることが至上命令です。そのためには、売上を上げて利益を出すか、コストを下げて利益を出すか、だいたいこの 2 つしかありません。その部分に関して、メリットを明示し続けます。

　初回の電話アプローチのカギは、メリットの連呼です。

◆飛び込み営業も有効

　つなぐつもりがまったくないと判断した時は、飛び込み営業することも有効です。**飛び込み営業は、電話よりも会える**

3つのフレーズでアプローチする

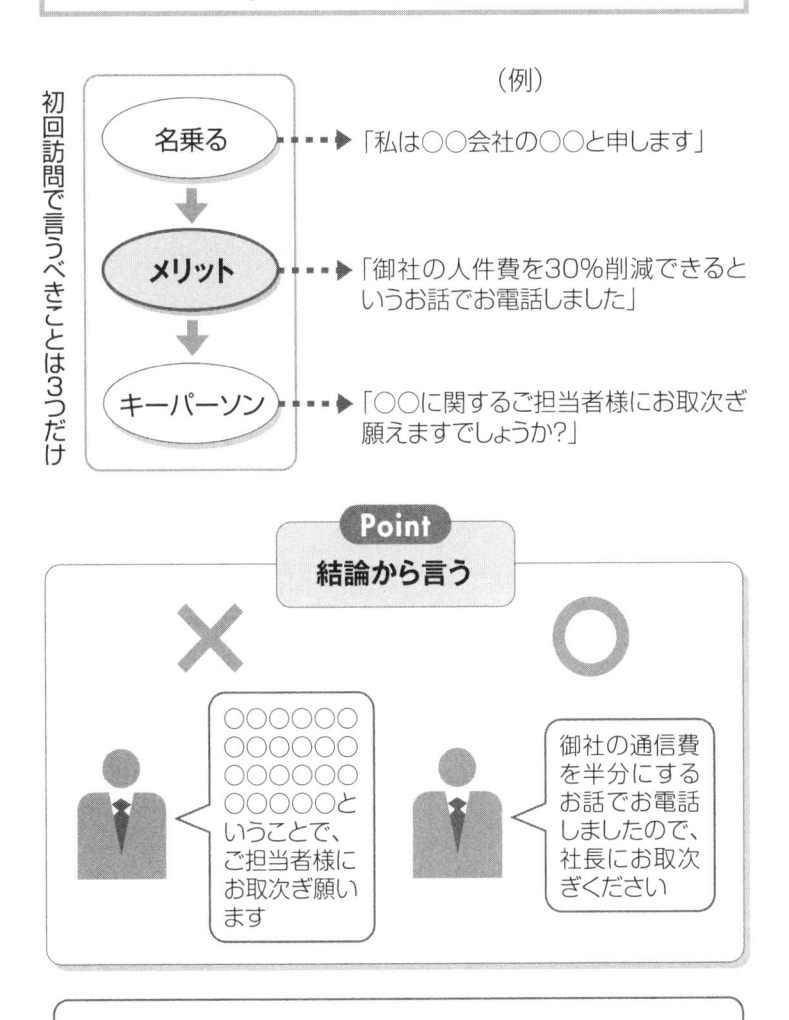

初回訪問で言うべきことは3つだけ

（例）

名乗る ┈┈▶「私は○○会社の○○と申します」

メリット ┈┈▶「御社の人件費を30%削減できるというお話でお電話しました」

キーパーソン ┈┈▶「○○に関するご担当者様にお取次ぎ願えますでしょうか?」

Point
結論から言う

×

○○○○○○○
○○○○○○○
○○○○○○○
○○○○○○と
いうことで、
ご担当者様に
お取次ぎ願い
ます

○

御社の通信費
を半分にする
お話でお電話
しましたので、
社長にお取次
ぎください

初回訪問で言うべきことは、3つだけ。特に、自分と会うことのメリットをはっきりと端的に伝えることが最重要。

確率は高いからです。

　なかには受付電話の段階で切られることもありますが、そういう非常識な会社とはつき合わないほうが賢明です。ほとんどの会社は、営業マンではない一般のお客様もいるわけですから、ぞんざいに扱うことはまれです。

　ここで大事なことは堂々と振る舞うこと。

「○○部長は、いらっしゃいますか？」

「お約束ですか？」

「約束ではないのですが、近くまで来たものですから」

などと、ビジネス的な真摯な対応をすれば受付突破の確率は高いです。

　もし、そこでも取り次いでもらえなかったら、メリットがわかるプリントを1枚でも渡すことです。

「先日お電話でもお話しましたが、人件費が50％削減できるお話なんです。その要旨をまとめたものがこれですので、これだけでもお渡しください」という具合に。

　そのあとまた電話して、「見ていただけましたか？」とアプローチします。

　飛び込み一発で受注をもらえることは少ないかもしれませんが、そこで最低限ほしいのはお客様の事実情報です。

　たとえば「この件の決裁者は誰なんでしょうか？」と聞いて、それがわかれば大きな前進です。

　ともかく大事なことは最初から最後までメリットを言い続けることです。自分たちの商品で絶対に損はさせないと思い続けることが必要なのです。

とにかくメリットを言い続ける

● 電話でセールスする場合

メリットを連呼しながら食い下がる

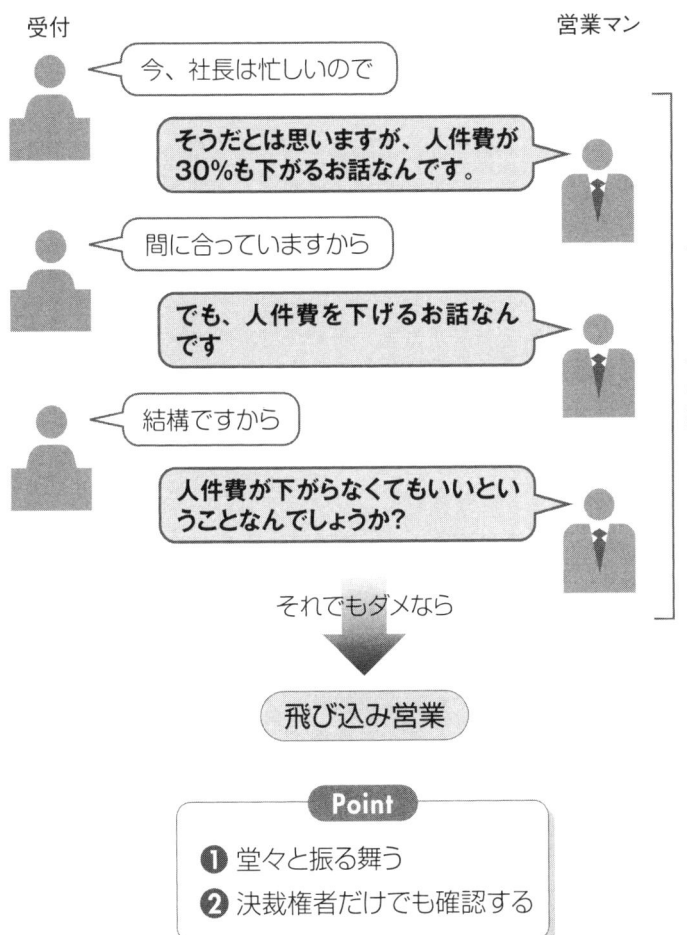

受付

今、社長は忙しいので

そうだとは思いますが、人件費が30%も下がるお話なんです。

間に合っていますから

でも、人件費を下げるお話なんです

結構ですから

人件費が下がらなくてもいいということなんでしょうか?

営業マン

メリットを言い続ける

それでもダメなら

飛び込み営業

Point

❶ 堂々と振る舞う
❷ 決裁権者だけでも確認する

5

キーパーソンにとっての
メリットを共有しよう

キーパーソンが自分たちと会うメリットを社内で共有すると売上はアップする。

◆メリットを社内で共有しよう

キーパーソンが自分たちと会うことのメリットを明確にすることが大事だと述べてきましたが、**このメリットは、社内で共有しないと意味がありません。**

営業マンそれぞれが考えてもかまわないのですが、それでは各営業マンの力量の差が出てしまい、結局は属人性に頼ってしまいます。全員が同じメリットで攻めることで、初めて組織として売上アップへとつながります。

◆営業マネジャーが中心になって考えよう

通常、こうしたことを支援するのは企画室ですが、そこでつくられるのは、商品サービスの機能の説明がほとんどです。

機能は、どんな営業部門でも皆が共有します。たとえば、カメラであれば1千万画素ですばらしい画像を得られるとか、プリンターであれば1分間に何枚刷れるなどの機能は、コマーシャルの世界では十分ですが、営業ではあまり意味を

もちません。

その機能が、その人の生活シーンや会社がやろうとしていることに対して、どのようなメリットを発揮できるのかという仮説を立てなければ、実際の営業では役に立ちません。

これらは、やはり企画室ではなく、最前線の営業現場でないと、見えづらいのです。だからこそ、営業マネジャーが中心になって音頭をとって、皆でディスカッションをして仮説を立てるのです。

◆ヒト・モノ・カネ・時間からメリットを考える

メリットを考える場合は、**ヒト・モノ・カネ・時間を機軸に考えると見えてきやすい**です。

最大の機軸はやはり「カネ」で、売上を上げるためのメリット、コストを下げるためのメリットが2大要素となります。「ヒト」は、人員削減や、生産性の向上を考えてみましょう。また近年は「時間」の短縮というのも大きな課題です。

たとえば、サービス会社や外食産業、営業主体の会社などは、人件費の削減や生産性の向上に関するメリットがハマりやすいです。メーカーはコストの問題が刺さりやすく、ITを使っての間接部門の圧縮などが関心事です。

こうしたことを社内で話し合って、メリットを決めてください。

◆メリットは軌道修正しよう

社内でメリットを決めたら、「これでいこう！」と、とも

かくやってみることです。

　全員がそのメリットで営業してみて、そのあとは、結果を持ち寄って検討し直します。

「もう少しこうしたほうが刺さりやすい」「今、お客様はこちらのほうに関心がある」など、さまざまな意見や情報を交換して、ディスカッションして、軌道修正します。

　事実に基づいて、より的確なメリットを構築し直して、再度そのメリットで打って出ましょう。

　最初に考えるメリットは、情報も少ないし、的確ではないことが多いので、比較的、幅の広いメリットを考えたほうがいいでしょう。

◆決めたことは必ずやる

　社内で決めたメリットも、実行しなければ意味がありません。

　ところが実際には、決めたにもかかわらず実行しないケースが多々あります。それは、ルールどおりにやらないほうが楽だからです。特に営業に慣れている人は、自分のスタイルと感性でやったほうが楽なのです。

　しかし、個人的な部分ではそれでもうまくいく場合がありますが、全体がそれぞれの方法でやると、驚くほど売上は上がりません。特に、6割の中間層が決めたやり方を実行しないと、売上はまったく上がりません。

　決めたメリットは、失敗してもいいので、とにかくそのとおりにやってみましょう。うまくいかなかった場合は、それ

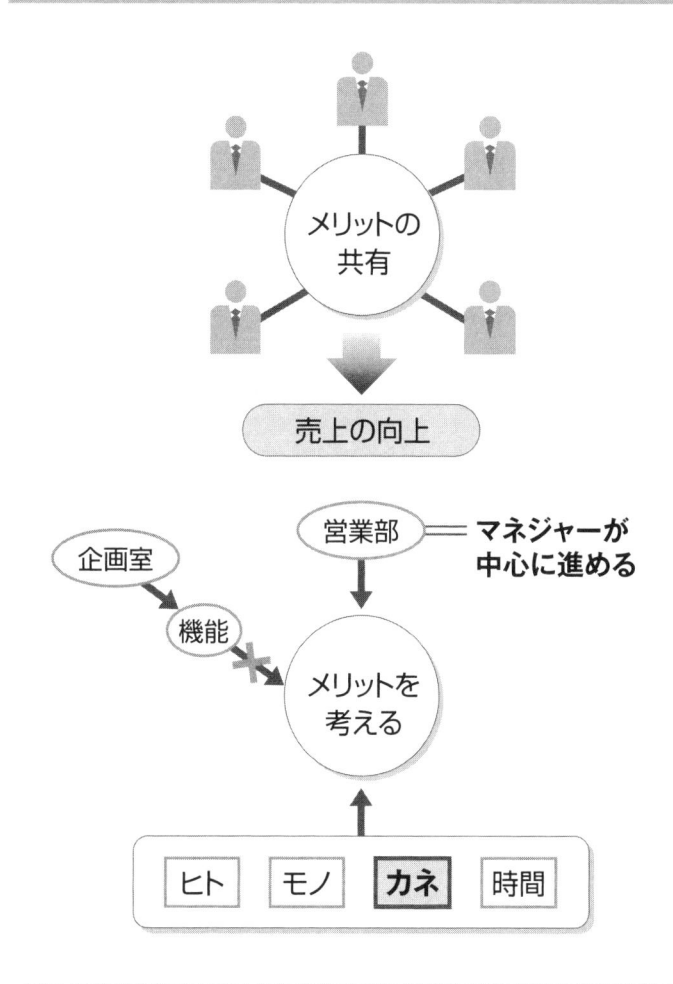

メリットは営業マネジャーが中心となって考える

メリットの共有

売上の向上

企画室

機能

営業部 ━━ マネジャーが中心に進める

メリットを考える

ヒト　モノ　**カネ**　時間

「ヒト、モノ、カネ、時間」を機軸にメリットを考え、それを社内で共有することで、売上がアップする。

らを集約して戦略を練り直して、新しいメリットに改善して、それで再び攻めるのです。

　組織として同じ方向で戦わなければ、全体の売上は絶対に上がりません。

　これができないと、結局は属人性に頼ることになり、人も育たず、売上も上がらないという、同じことの繰り返しになります。

◆マネジャーがやってみせる

　ここで重要なことは、マネジャー自身がやってみせることです。

　やろうと決めてやれる人は優秀な人で、そうでない人は、やろうと決めて現場に出ても、できないことが多いです。ハプニングもあるし、「あれはマネジャーだからできることなんだ」と弱気の虫が湧いてきたりもします。

　だからこそ、**マネジャーはミーティングのときはロールプレイングしながら自分でやってみせ、真似させ、同行営業した場合には、自らがそのメリットを話して実演して見せることが重要です。**

　食い下がることに抵抗がある営業マンは、しつこくすると相手が怒ると思っているので、自分がやって見せて「なあ、そんなに怒らないだろう？」などと、その場で体験をさせることによって前進することができます。

　特に「6」の層は、マネジャーのこうした働きによって力をつけることが可能なのです。

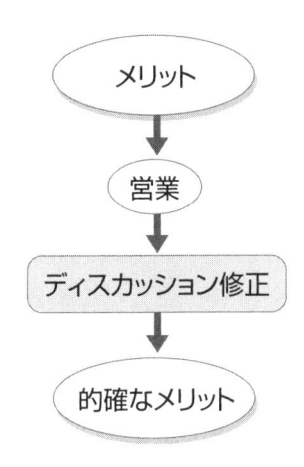

決めたメリットは、全員が実行することが重要

メリット

↓

営業

↓

ディスカッション修正

↓

的確なメリット

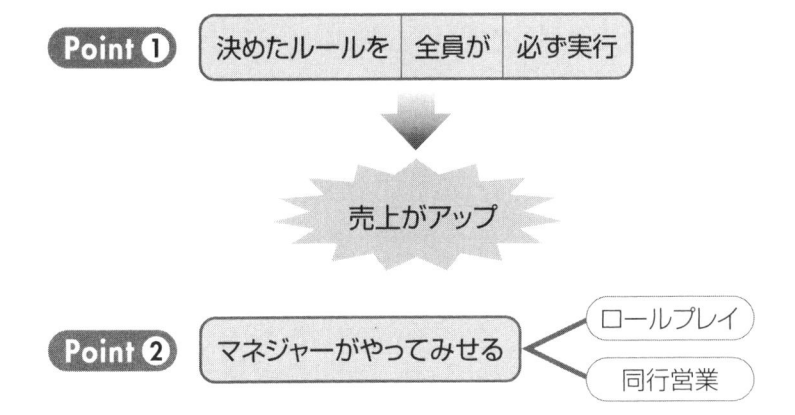

Point ❶ | 決めたルールを | 全員が | 必ず実行 |

売上がアップ

Point ❷ | マネジャーがやってみせる

ロールプレイ

同行営業

皆で考えたメリットは、全員で実行し、さらにそれを持ち帰ってディスカッションして修正し、より的確なメリットにする。

6

効率よくアプローチする

アプローチする3つのポイントは、①朝早い時間、②結論から、③メリットを数字で言う。

◆朝8〜9時台に電話する

キーパーソンに効率よくアプローチするためには、まず電話をかける時間が重要です。

キーパーソン、特に社長は、**朝の比較的早い時間に電話するのがベスト**です。できれば、8〜9時台。遅くなればなるほどスケジュールが入っていますので、取り次いでもらうのは難しくなります。社長の朝は早く、忙しいです。しかし、午前中は午後のようにスケジュールが詰まっていることは少なく、考える時間が多くあります。

それに対して、午後は、商談や打合せや外出が多くなります。生産性が落ちる時間なので、何かをじっくりと思索したり検討することは少ない代わりに、決められたスケジュールをこなす時間となっています。

あるいは、夜6時から8時あたりに連絡するという方法もあります。昼間よりもつかまえやすいですが、接待やプライベートの可能性もあり、あまりおすすめしません。

◆結論から言う

第2のポイントは、すでに述べましたが、「結論から言うこと」です。

大事なことなので、再度補足します。聞き手の立場からすると、営業マンの、特にアプローチの段階での話などはほとんど覚えていません。

講演や研修は自分から聞こうと思って聞いているので、長くても頭の中に入っていきますが、営業は招かざる客ですから、そこで長々と話しても嫌がられるだけで、ましてや話の内容など頭に入るわけがありません。

だからこそ、インパクトのあるフレーズが必要です。そのためには、**結論から言うことが必要**なのです。

長々とした話は相手にとっては時間泥棒となります。これは、ビジネスコミュニケーションとしては当然のことです。

この点については、誤解があります。それは、「丁寧に」言うためには、説明をしたうえで結論を言うべきだという考えです。相手に対して、いきなり結論から言うのは失礼になると考えているのです。

たしかに、手紙などの礼をつくす文書を書く場合に、いきなり「金をくれ」と切り出すのは失礼ですが、ビジネスの現場のアプローチで遠まわしな言い方をするのは、逆に時間泥棒となり、それこそ相手にとって失礼になります。

◆メリットは数字で言う

3番目は、メリットは数字で言う、ということです。

企業の最大の目的は利益を出すことです。そのためには売上を上げるか、コストを下げるかに集約されます。いずれも数字で表わせるものなので、メリットはできるだけ数字で言うことが大事です。

「売上が、1.5倍に上がります」「コストが30％削減できます」という具合にです。

① **何が**

② **どのくらい**

③ **どうなる**

　これを明確に言います。そうすれば、お客様のほうも具体的に考えることができます。たとえば、提示した数字に対して不満があれば「それじゃあ不十分だ。50％までコストを下げなきゃいけない」と、さらに具体的な情報を投げてくることがあります。

　ここで入手した情報は、核心に迫った稀少価値の高いもので、非常に貴重です。

　漫然とした話ではこうした具体的な情報はつかめません。

　また、営業側から具体的な数字を提示するだけではなく、お客様側の現状を数字でとらえておくことも重要です。

「御社は、営業マンを今10人抱えておられますが、この商品を使えば5人に削減でき、経費は半分になります」という具合に、数字でとらえていれば、数字で提案ができます。

「今よりも」が大事です。

　ただ「いい」とか「安い」では相手に響きません。「現状よりも」どのくらい安くなるのかを具体的に伝えるのです。

効率よくアプローチするための3つのポイント

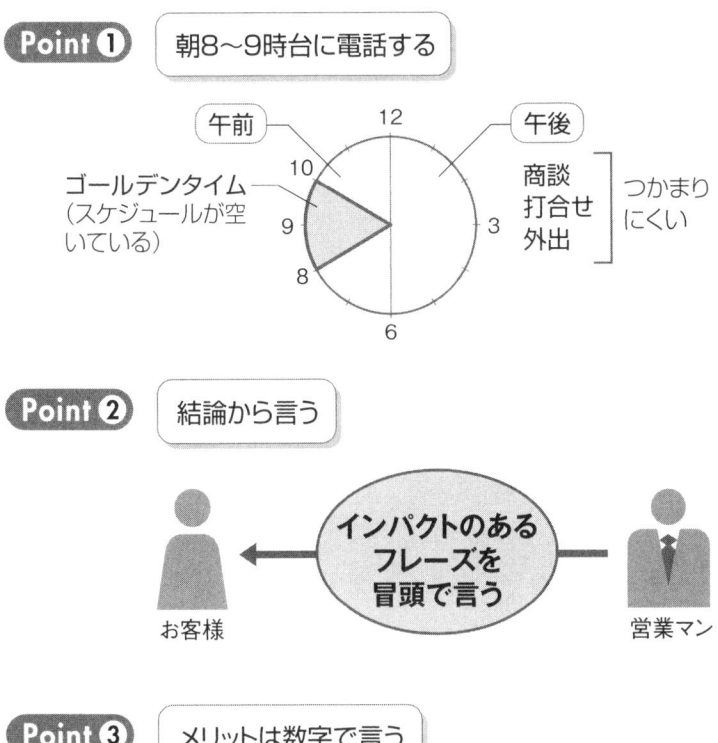

Point ① 朝8〜9時台に電話する

午前
ゴールデンタイム
（スケジュールが空
いている）

午後
商談
打合せ ┐つかまり
外出 ┘にくい

Point ② 結論から言う

インパクトのある
フレーズを
冒頭で言う

お客様　　　　　　　　　　営業マン

Point ③ メリットは数字で言う

（例）「売上が**1.5**倍上がります」
「コストが**30**%削減できます」

効率よくアプローチするためには、朝早い時間に、数字の入っ
たメリットを、冒頭に、言うとよい。

7

聞かれたことだけを説明する

相手のニーズを見つけるには、聞かれたことに短く答える。余計な話はしない。

◆冒頭からの商品説明は不要

多くの営業マンは、冒頭から「それでは商品説明をさせていただきます」と言いながら、説明を先にしようとします。

しかし、これは不要です。説明から始めてもお客様には響かないし、説明に納得して買う人もいません。逆に、聞いてもいないことを説明されるとイライラして買う気が失せます。

説明の鉄則は、「聞かれたことに対してだけ行なう」ということです。

◆単語で答える

そこで長々と余計な説明をしてはいけません。

たとえば、「これはいくらだ？」と聞かれたら「3万円です」と答え、それ以外は答えません。ここで「他に比べて1万円安いですよ」という補足をしてはいけません。ほぼ単語に近い短い言葉だけを返事します。「（携帯電話の電波は）山の中でもつながるの？」「つながりません」。この程度です。不

親切なぐらい短く答えます。

　ほとんどの営業マンは、これを不親切だと思ってしまい、質問に対して前置きをつけたり、さらに説明を重ねようとしますが、それはよくありません。

◆本当のニーズを見極める

　なぜ、そうするのでしょうか？

　それは、**相手の本当のニーズがどこにあるのかを見極めるため**です。

　まだアプローチの段階なので、相手が何を考えているかわかりません。事前準備を十分にしていっても、トップ営業マンでもわかりません。わからないので相手に話してもらうしかないのです。

　聞いてくるということは関心があるということです。その関心がある事実だけを積み重ねていって初めて、本当のニーズに行き着くことができます。

　「いくら？」「3万円です」「安くならない？」「申し訳ありませんが無理です」「だって、先日○○に行ったら2万5,000円だったよ」「それは機能が違うからですね」「どう違うの？」「あちらは○○で、こちらは○○なんです」「ああ、その機能はあちらはないんだ」

　このように、聞かれたことだけに短く答えるやり取りを重ねていくと、相手が求めている機能と、それに対する価格帯が見えてきます。

　逆に、相手が聞いていないことを長々と説明していると、

相手が本当に知りたいこと、本当のニーズからそれてしまって、見えなくなることがあります。短い言葉でつなぐことによって、より的確な事実に辿り着くことができるのです。

　もちろん、なかには「最初に説明しないのか？」と形式を重んずる人もいるので、そういう場合は説明をすればいいでしょう。

◆余計な話は、つけ加えない

　質問と答えを繰り返しながら、ほぼ話すべきことが終わったら、そのあとは余計なことは言ってはいけません。黙って相手の次の言葉を待ちます。

　なぜなら、お客様が黙っているときは検討している時間だからです。「どうしようか」と。そのときに余計な話をすると、考えが中断されます。最初から冷やかし半分で聞いている人は考えませんが、買う気のある人は考えます。その思考を邪魔してはいけないのです。

　営業マンがその沈黙に耐えきれずに余計なことを口にします。すると、それが「エッ？　そんなこともあるの？」と、考えていることとは異なる方向に気持ちを向かわせることがあります。そうするとまた検討する内容が別のものになります。余計な話は、ノイズなのです。

　それに、聞いてもいないことを説明されると、お客様にとっては、言い訳や自信のなさのように聞こえます。「この話は何かよくない話ではないか」と勘ぐる気持ちが出てきます。

　だからこそ、**聞かれたこと以外は説明しない**のです。

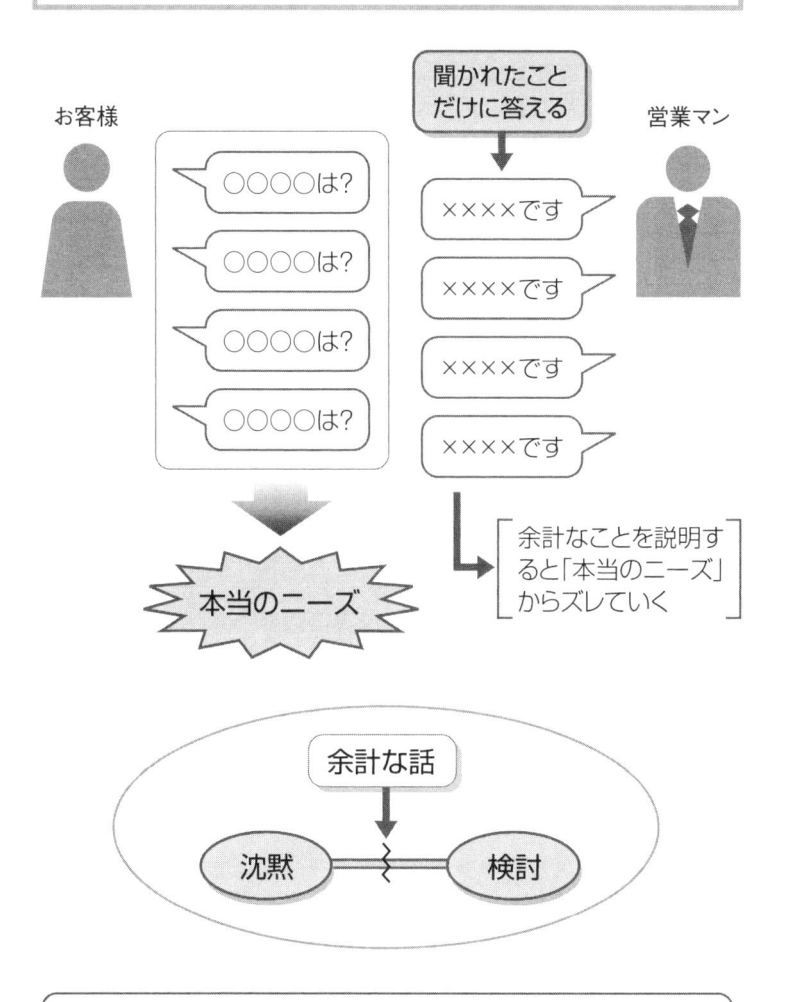

聞かれたことだけに答えよう

お客様

聞かれたこと
だけに答える

営業マン

○○○○は？ → ××××です

○○○○は？ → ××××です

○○○○は？ → ××××です

○○○○は？ → ××××です

本当のニーズ

余計なことを説明すると「本当のニーズ」からズレていく

余計な話

沈黙 ─ 検討

聞かれたことだけに答えて、余計な説明や話はしない。これにより、お客様の本当のニーズが見えてくる。

8

役割を分担する

商談をうまく進めるためには、役割分担してチームで対処することも重要。

◆マネジャーが悪役になるべきとき

これはアプローチだけに限ったことではありませんが、現場の営業マンとマネジャーの関係は、マネジャーが営業マンを指導するだけではありません。時には、マネジャーが悪役になったり、営業マンを持ち上げたりして、**役割分担をしながら、営業部全体で対処することも必要**です。

たとえば、マネジャーが悪役になるケースとしては、次のようなケースがあります。

キーパーソンに会うために、どんなにメリットを言っても頑として突破できないことがありますが、そういう場合は、ひとまず担当者と仲よくなることも必要です。

そこからキーパーソンにつなげてもらうわけですが、担当者がプライドが高い人で「自分がキーパーソンだ」と思っている場合、その人に対して「社長に会わせてください」と言うとへそを曲げることがあります。そういうときはマネジャーが悪役になり、現場の営業マンにこのように言わせます。

「いや、うちのマネジャーがうるさいんですよ。社長に会わせてもらえって。私はそんなことはどうでもいいんですが、あまりにもうるさいんで、○○さんの力で一度会わせていただけませんか？」

そうすると担当者の憤慨はマネジャーに向き、営業マンには同情の気持ちも湧いてきて「そんなに言われているんだったら、会わせてやるよ」ということにもなります。

こういうシナリオもマネジャーがつくるのです。

◆自らがパイプをつくる

また、現場の営業マンがなかなかキーパーソンと会うことができない場合、**マネジャー自らが出向いていってキーパーソンとのパイプをつくることも必要**です。

一定の信頼関係ができたら、現場の営業マンと同行して「こいつはうちのエースなので、御社で鍛えてやってください」などと言いながら、現場の仕事を彼に移行し、自分は３カ月や半年に１回、時節の挨拶に行く程度にすることもあります。

◆役割分担でクレームに対応

また、部下のミスによって「担当を替えろ」という話が飛び込んでくることもあります。

そういうときは、マネジャーが取引先の責任者のもとに飛んで行って最大の謝罪をしながら、「こいつは本当にいたらないところも多いんですが、非常に一生懸命やるやつなので、

何かあったら私が対応させてもらいますので、今後とも鍛えてやってください」などと、部下を持ち上げたり持ち下げたりしながら、クレームに対応することもあります。担当替えを要求されるたびに応じていたら、結局、属人性でスキルの高い営業マンを回さなければならなくなるからです。

クレーム対応で大事なことは、ただ謝るのではなく、「じゃあ、どうしてくれるんだ？」という相手の怒りに対して、見返り、補てんを用意しながら、**相手が満足できる対応をすること**です。その際、失敗をした部下を貶めたり、逆に持ち上げたり、あるいは自分自身が責任を背負ったり、役割分担をしながら、シナリオの中でクレーム対応をしましょう。

◆担当替えでは先手を打つ

あるいは、こちらから担当替えを求める場合、先方のクレームを未然に防ぐために、マネジャーが先手を打つことも重要です。

いよいよというときになって営業マンが突然「明日から担当が替わります」と挨拶すると、先方は納得しません。事前に営業マネジャーが先に出向いて行って、「彼も最初の頃はパッとしませんでしたが、御社に育ててもらってすばらしい営業マンになりました。今度の彼も若いですが、いいものをもっていますので、また育ててやってもらえませんか」などと言って、マネジャー自らが布石を打っておきます。

このように、マネジャーは、一方的に営業マンを指導するだけではなく、時と場合に応じて役割分担をしてください。

マネジャーはいろんな役を担う

例 ❶ マネジャーが悪役になる

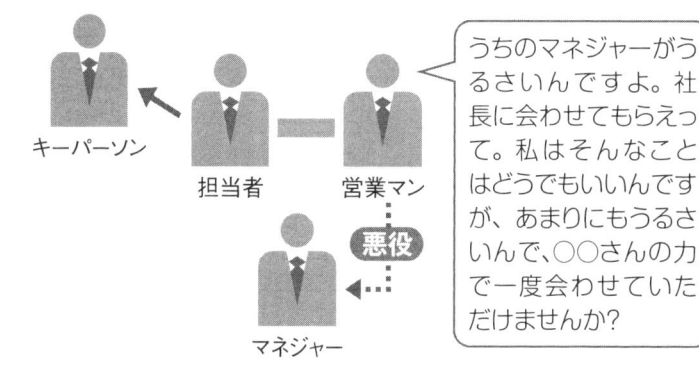

キーパーソン

担当者　営業マン

悪役

マネジャー

> うちのマネジャーがうるさいんですよ。社長に会わせてもらえって。私はそんなことはどうでもいいんですが、あまりにもうるさいんで、○○さんの力で一度会わせていただけませんか?

例 ❷ マネジャーがパイプ役になる

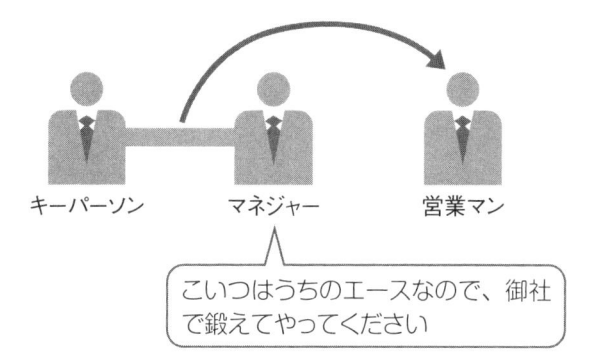

キーパーソン　　マネジャー　　営業マン

> こいつはうちのエースなので、御社で鍛えてやってください

マネジャーは悪役になったり、パイプ役になったり、いろんな役を担いながら、チームとして前進する。

望む以上のメリットを
提供してリピーターに

　私が休暇を利用してバカンスに出かけたときの話です。いろんな経営者が使っていた個人の旅行エージェントがいたので、話だけ聞いてみようと思い、彼と会いました。私が望んでいたことは、「優雅な時間を過ごしたい」ということです。考えていたのはハワイ。安全だし行き慣れているからです。

　ところが、彼は予想に反してバリ島をすすめてきました。出発時間を早くすれば、料金は同じで、飛行機はビジネスクラス。なおかつリムジンで迎えに来るというのです。嘘みたいな話でしたが、思い切ってバリに行ってみたところ、これが実にすばらしかったのです。

　彼が提示した商品は、最初に求めていたハワイとは違いましたが、「優雅な時間を過ごしたい」という願望に対して、私が知り得ない情報を基に、最大のメリットを提供してくれたわけです。

　お客様が求めるものとは違っても、それよりもいいメリットを提供することで、リピーターになることがあります。

　私は旅行に際しては、今も彼にお願いしています。

第4章

事実から
仮説を立てる

お客様にメリットを提案するためには、精度の高い仮説が不可欠です。そのためには、お客様の事実を多くつかむこと。マネジャーの最大の仕事は「事実に基づいた精度の高い仮説」を立てることです。

1

営業マンは
しゃべってはいけない

お客様の事実を引き出すために、営業マンはひたすら聞くことが重要。

◆営業マンはしゃべるのが仕事ではない

営業マンはしゃべるのが仕事であり、それが自分の価値だと思っています。商品についてどれだけ知っているかをアピールしたいのです。

しかし、それで通用したのはモノが売れた昔の話で、インターネットの普及によって売り手と買い手の情報の差が少なくなった今は、営業マンが繰り出す情報の量によって買い手を刺激することはありません。

今は、「自分がどう使いたいか」「自分の会社の課題をどう解決できるか」という観点で見ています。それ以外の説明は、ノイズでしかありません。

◆お客様の事実を引き出そう

大事なことは、お客様の事実を引き出すことです。そしてその事実から仮説を立ててメリットを提示することです。そのためには、**しゃべらないことが何よりも重要**です。

しゃべらないということは、相手にしゃべらすということです。相手の事実を引き出すことです。

お客様の情報や気持ちはお客様しか知らないし、それは話してもらわないと絶対にわかりません。それができないと、自社の商品がお客様にどのようなメリットを与えることができるのか、仮説の立てようがないのです。

ところが、多くの営業マンは、商品説明に重きを置いて、しゃべりすぎて、お客様の事実を引き出すことがおろそかになっています。**気持ちとしては、「しゃべらない」と思っているくらいでちょうどいい**のです。

しゃべるときは、「仮説をぶつける」それだけです。たとえるなら、汗をかいて息の荒い人を見て、「喉が渇いているだろうな」と仮説を立て、「冷たい麦茶をどうですか？」とメリットを提供します。

ところがここで、麦茶の由来や成分など商品説明をしたのでは、お客様は興味を示しません。すべきことは商品説明ではなく、相手の喉の渇きを察知し、それに対して冷たい麦茶を出すことなのです。

◆キャッチボールから事実が見える

もちろん、お客様と向き合った最初は、きっかけとしてしゃべる必要があります。名前を名乗り、最大公約数的なメリットを打ち出します。

そのメリットに対して「そんなものはいらない」とか「いや、実はこうなんだ」という返事をしてもらい、そこから双

方のキャッチボールが始まります。このキャッチボールが大事であって、そこからお客様の事実がいくつも見えてきます。返事が否定的でもいいので、「なぜ、そうなのか」を聞いていくわけです。

　一方、商品説明からは、お客様の事実は何も見えてきません。

◆5W2Hで質問しよう

　5W2H（いつ、どこで、誰が、なにを、なぜ、どのように、いくら）で質問をぶつけてください。要は取材です。相手の事実を知りたいのです。

　売れない営業マンは、ゴシップ雑誌の記者のような話をします。つまり、先に結論ありきで、話のもって行き先が御社はこの商品を買わなきゃいけない、という方向なのです。「こうですよね」「でも、やっぱりこうですよね」「買わないと損ですよ」。これは誘導尋問です。買う側は嫌になります。

　損か得はお客様が決めることで、こちらがすべきことは、この商品でどんなメリットが生まれるかを考え、提示することなのです。

　そのために、お客様が何を求めているのか、とにかく聞くことです。

　話す量の割合は、理想は営業マンが２割、お客様が８割です。５分５分は合格点、それ以上に営業マンが話すのは失格です。冒頭で話せば、あとは質問を投げかける程度が一番いいのです。

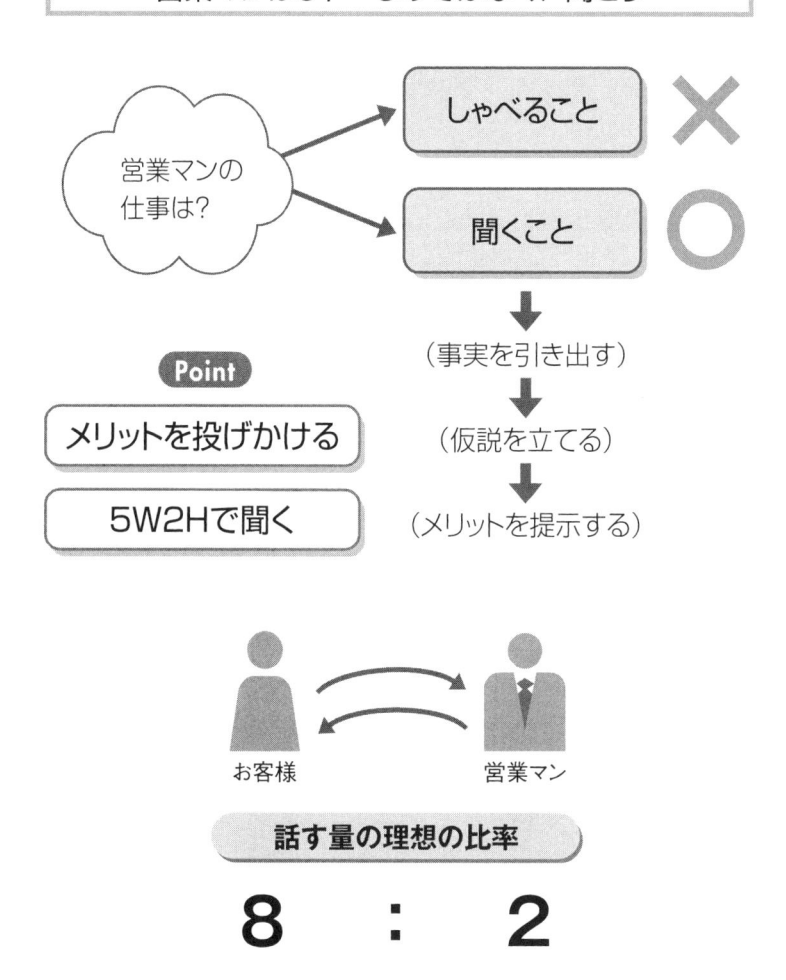

営業マンはしゃべるのではなく、聞こう

営業マンの仕事は?

- しゃべること ✕
- 聞くこと ○
  - （事実を引き出す）
  - （仮説を立てる）
  - （メリットを提示する）

Point

メリットを投げかける

5W2Hで聞く

お客様　営業マン

話す量の理想の比率

8 : 2

営業マンはお客様の事実を引き出すために、質問を投げかけることが重要で、自らがしゃべる時間は極力少なくする。

2

トーク中の「沈黙」は「金」

クロージングに入ったら、返事がくるまで、営業マンは
口を開いてはいけない。

◆クロージングでは口を開かない

　大きな誤解として、お客様と営業マンとの間に生じる沈黙
はいけないことだという考えがあります。

　これは大まちがいで、逆に、**営業マンは沈黙に耐えること
が非常に重要**です。

　特に、クロージングにおいては、こちら側が「いかがです
か？」と尋ねたあとは、相手が何かしら言葉を発するまでは
絶対に口を開いてはいけません。

　理由は、それまでの商談の過程において、それなりのプロ
セスを踏んでやり取りしてきたわけです。メリットも理解し
てもらった。質問もしてもらって、それにも答えてきました。
それ以上、こちらからは言うべきことはないのです。あとは、
お客様に判断を委ねるしかないのです。

◆思考中に余計なことは言わない

「いかがですか？」と営業マンがクロージングの問いを発し

たあとは、お客様が一番考える時間です。その大事なときに余計なことを言うと、考えが中断されることがあります。

沈黙に耐えきれずに、背中を押すつもりで「他よりも絶対に安いですから」と言うと、「他ってどこなんだ？」と新たな疑問が湧いてきて、思考がそちらのほうにそれて、中断されてしまいます。

失注を防ぐことが重要だということを、第2章で述べましたが、この**余計な一言を発さないことも失注を少なくする鉄則**です。これを「ゴールデン・サイレンス」といいます。

◆余計な一言が断わるきっかけを与える

断わる理由を考えているお客様の場合は、余計な一言が、断わるきっかけを与えることもあります。

クロージングのときのお客様は「冷静になって判断しよう。即決はやめよう」と思うケースがよくあります。

断わる理由を探しているときに、営業マンが「キャンペーン中なので今ご契約いただければお得ですから」と言ったとすると、「キャンペーンはいつまでだ？」「○○までです」「まだ1週間もあるじゃないか。もう少し考えたいから今日はいいや」という具合に、営業マンが放った言葉が、断わるための口実になることもあります。

どのくらいの時間、沈黙すべきでしょうか？

お客様が口を開くまでずっとです。目安はありませんが、3分も4分もしたら、お客様のほうから何か言ってきます。それまでは一切口を開きません。

メリットも話してキャッチボールも終われば、あとは営業マンが言うことはないのです。

◆断わる理由にカギが隠されている

「やめとく」と断わってきたら、「どうしてですか？」と必ず断わる理由を聞いてください。そうすると、そこからまた新たな事実が見えてきます。

　実は、**断わる背景にキーワードが隠されていることが多い**のです。

　たとえば、「お宅の商品はたしかにいいけれども、初めての取引だし、社内の信用もまだないしさ」と社内調整の難しさを教えてくれたり、「決めたいけれども、実は同じような商品に関して長いつき合いのある取引先があってさ」とか、あるいは予算がネックになっている事実など、さまざまなキーワードが見えてきます。

　そこからが本当の商談で、この断わる理由について、さらに解決策を探りながら、それを提示するのです。

　社内調整を心配しているのであれば「社内の信用を得るために、一緒に説得させてください」などと、一つひとつ断わる理由を削っていきます。

　だからこそ、断られたときは「どうしてですか？」とその理由を聞くのです。尋問するのではなく、相手に寄り添いながら、困っている本当の理由を見つけ、問題解決をしてあげることが重要です。

　そのためにも、営業マンは沈黙に耐えなければなりません。

返事が来るまで黙って待とう

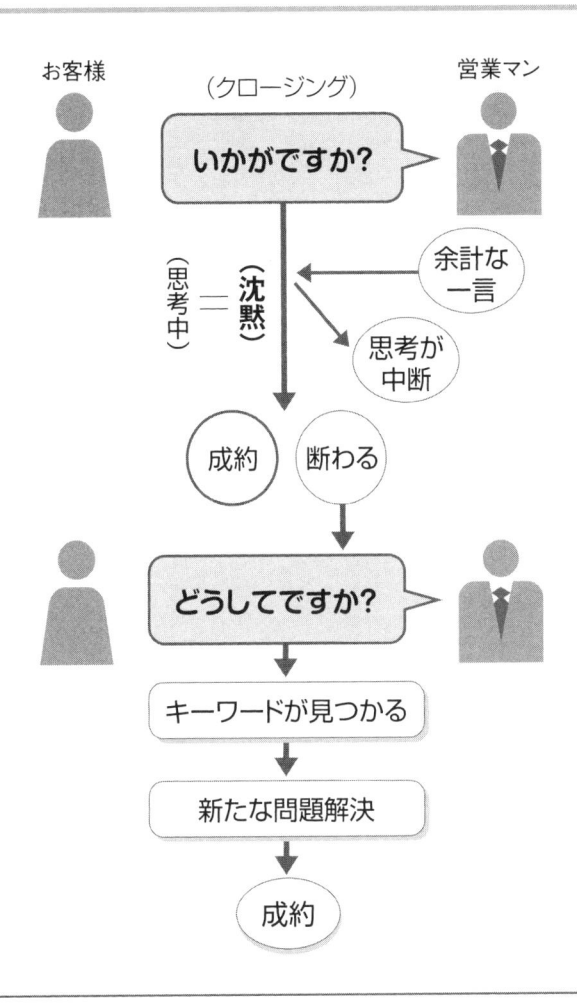

クロージングでは、お客様の返事が来るまで、営業マンは一言も口を聞いてはならない。

3

何気ない一言を見逃さない

お客様の質問や不満には、大事な事実が隠されている。
そこを見逃さない。

◆質問や疑問の言葉を見逃すな

お客様が口にした質問や疑問は、営業においてもっとも重要です。これは、商品やサービスに関心があるから出てくるもので、なければ、ただ漫然と聞いているだけです。

コピー機についてまったく関心がない人は、「カラー印刷は1枚いくら？」「1分間にどのくらい刷れるの？」などと質問を投げかけることはまずありません。

だからこそ、これらの言葉が発せられたときは、見逃してはいけません。「どうしてそんな質問をしたのだろう」と考えながら会話を始め、お客様の大事な事実を見つけていきます。

◆不満の言葉は、チャンスの始まり

不満の言葉も重要です。

その多くは、過去に購入した同じような商品に失望したケースが多いようです。「お宅の商品も同じだろう？」という不満です。

お客様が不満を言うのは、やはり必要性をまだ感じているからです。

　買いたい気持ちはまだ残っているけれども、どうせまた裏切られるに違いないという気持ちが、不満となって出てきます。

　だからこそ、こういうときは「どんなことがあったんですか？」と単刀直入に聞きましょう。5W2Hで質問を重ねながら、お客様の背景にある事実を探していくと、カギとなる事実が見えてきます。

　その事実に対して「それはひどいですね。それは商品が悪いというよりも営業マンの説明不足ですね」などと、**不満に同調しながらも疑いを晴らしていくことが重要**です。

　そこから一転、購買へと心が大きく動くことがあります。

◆**質問や不満に鈍感になるな**

　質問や不満に鈍感な営業マンが多すぎます。質問をされても一言サラッと答えて終わったり、不満を言われても謝って終わってしまっています。これでは事実は何も見えないし、お客様にしてみれば不満感だけが残ります。

　お客様は、やはり自分に関心をもってくれる営業マンに心を開きます。自分のことしか考えていない人からはものを買いたいとは思いません。「結局、商品を売ることしか考えていないな」とバリアを張ってしまうからです。

　営業はしゃべるものという誤解は捨てましょう。お客様の一言を見逃さず聞くことがもっとも重要なのです。

質問・疑問に鈍感だったために失敗した例

失敗パターン

販売員 お客様

いらっしゃいませ

すいません
A社の○○タイプの携帯は
在庫切れですか？
いつ入荷します？

人気機種なので1カ月先になるんです

そんなにかかるんだ

（帰りそうなお客様の顔を見て、同じような機種の
　B社のものを売ろうと考えた販売員は、こう切り出した）

B社の携帯も
A社と機能はほとんど同じです。
それにサイズがこんなに
小さいのでかさばりませんよ

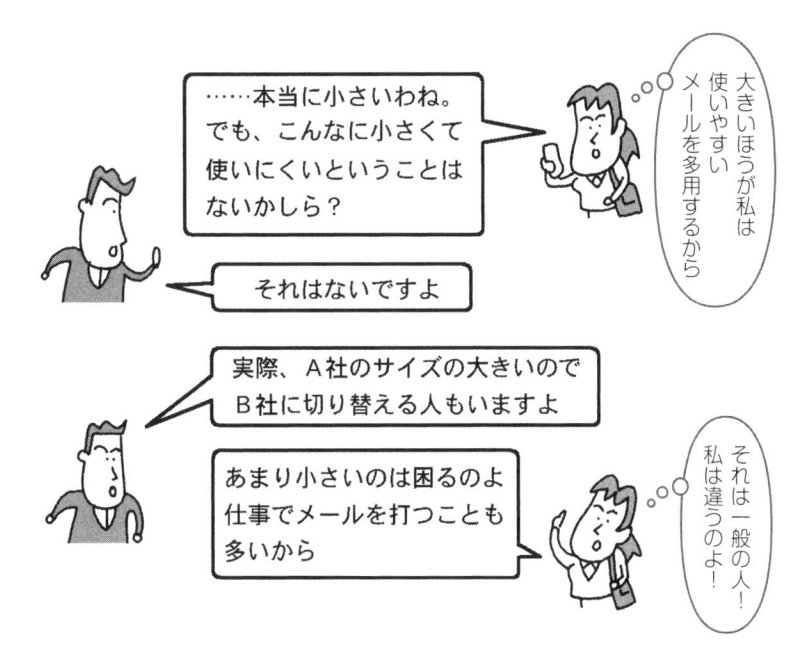

（手に持ってキーを打つお客様の表情が変わる）

問題点

「小さくて使いにくいことはないのかしら？」という不安を帯びた質問をないがしろにしたばかりに、メールを多用するのでキーが打ちやすい必要性があるという事実を引き出せないで、失敗に終わった。

質問・疑問に敏感に反応し、成功した例

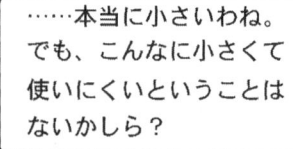

成功パターン

販売員　　　　　　　　　　　　　　　　　　　　お客様

……本当に小さいわね。
でも、こんなに小さくて
使いにくいということは
ないかしら？

小さいのはご不満ですか？

あまり小さいのは困るのよ
仕事でメールを打つことも多いから

そうですか。
それではＣ社のものはどうですか？
キーも打ちやすく、画面も見やすく
文字数が多くても大丈夫なんです

ところで……
Ａ社のものがお気に入りなのは
どうしてですか？

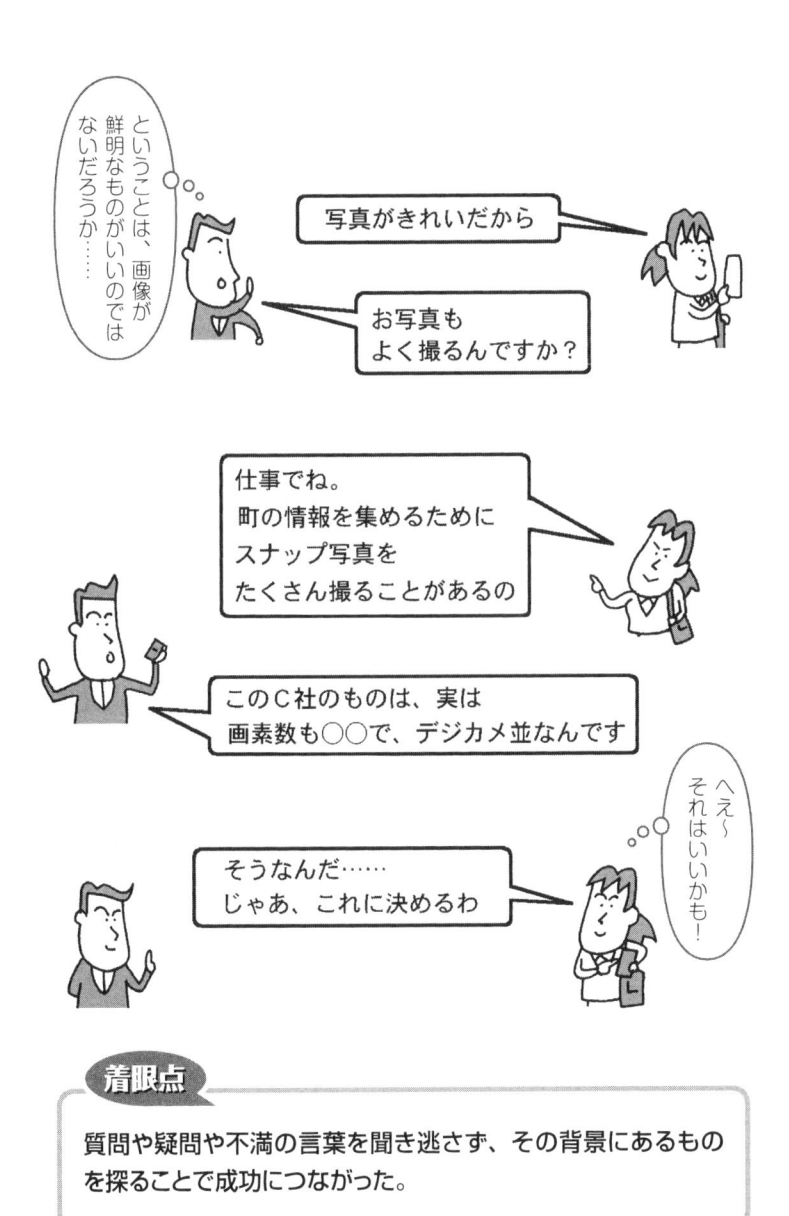

4

主観を排して
客観的に見よう

思いこみや推測で決めつけず、客観的事実に基づいた仮説を立てないと、結果は出ない。

◆客観的事実に基づき仮説を立てよう

仮説を立てるときに重要なことは、主観ではなく、客観的事実に基づいて仮説を立てることです。

たとえば、前任者から引き継ぐときに「あそこは暇な会社だから、あまり行っても意味がないよ」と言われたとします。

ところが、調べてみると、今年に入ってすでに5人も採用しているし、売上も前年より20％もアップしている事実が見つかったとします。ここで、5人採用し、売上も上がっていることは客観的事実ですが、前任者が言った「暇な会社」というのは主観的意見です。

この2つを混同してしまうと、仮説を立てるときに失敗します。あくまでも、**客観的事実だけに基づいて仮説立てをしなければなりません。**

日本人は、他人の意見に左右されがちです。「あの人がそう言っていた」「皆そう思っている」。あるいは、世の中一般の空気で判断することもあります。「この業界は厳しいから」

「原油高だからこの会社はあまり金を出せない」等々。色メガネで見てしまうと、本当の事実は隠れてしまいます。

◆「高いから買わない」の意味を調べる

　客観的事実とは、ほとんどの場合、数字です。これらをたくさん集めて仮説を立てると、客観的事実に基づいた仮説が立てられますが、数字を集められないと、主観的意見だけで仮説を立てがちです。

　その結果は大きく違ってきます。

「うちの商品は高いから買ってもらえない」という営業マンをよく見かけます。しかし、高い、安いというのは主観であって、お客様が何と比べて高いと言っているのかをつかまないと何も見えてきません。

　他社と比較して高いと言っているのか、予算をオーバーしているから高いのか、ただ単に断わる理由として高いと言っているのか。そこの客観的事実をつかまないままに、営業ミーティングをしていることがよくありますが、これでは少しも議論は深まりません。

◆客観的事実でマネジメントしよう

　営業マネジャーが営業マンをマネジメントする場合も数字でとらえることは重要です。

　その営業マンが１日平均何件回って、有効商談が何件あるのかなど、数字でとらえてマネジメントするのと、「がんばっているな」などと主観的な印象だけでマネジメントする

のでは、結果は全然違います。

　往々にしてありがちなことですが、マネジャーは自分と同じようなタイプの営業マンを優遇しがちです。

　元気がよく、要領のよさで出世してきたマネジャーなら、そのようなタイプの営業マンを好みます。すると、たしかに結果は出ているけれど、そこを直せばもっと結果が出る修正ポイントが見えてきません。

　マネジメントにおいても、客観的事実で見ることが重要なのです。

◆営業日報は数字で書く

　たとえば、営業日報を文章で書いている会社が多いですが、それでは客観的事実は見えてきません。

　やはり、第3章の第3節で紹介したように、数字で書く様式にすべきです。文章で書くと、客観的事実を掌握していなくても適当に書くことができますが、数字で書くためには、客観的事実を掌握しておかなければ書けません。

　日報を見ているマネジャー側も、文章で書かれたものについては、何も見ていないことが多いです。

　客観的事実に基づいて仮説を立てる癖を営業マンに叩き込むと、営業マンは自分が今やるべきことが見えてくるようになります。そうすると、モチベーションが上がります。

　やるべきことが明確でないから、サボりたくなるのです。「がんばろう！」とハッパをいくらかけても、何をすべきかわからないとやる気は出ません。

主観的意見と客観的事実

【主観的意見】
例

> あそこは暇な会社だから、あまり行っても意味がない

> この業界は厳しい

> 原油高だから、あまりお金を出せないはずだ

> うちの商品は高いから買ってもらえない

> A君（営業マン）は、元気にがんばっている

数字がない

↓

仮説

失敗 ✕

【客観的事実】
例

> あの会社は、今年5人も採用している

> あの会社の売上は、前年比20%増だ

> A社の商品と比較して5万円高いので買ってくれない

> 予算を10万円オーバーしているので難しい

> A君（営業マン）は1日平均○件回って有効商談は○件だ

数字がある

↓

仮説

成功 ◯

> 主観的意見には数字がなく、客観的事実には数字がある。客観的事実に基づいた仮説は成功する。

5

3つの基本に徹する

営業がやることは、しゃべる、聞く、見せる、の3つだけ。
最重要項目は「聞く」こと。

◆ 「聞く」ために「しゃべる」

営業ができることは、しゃべる、聞く、見せるの3つし
かありません。

この中で最も重要なのは聞くこと。2番目は見せること。
これは、図など視覚に訴えるツールを使ってお客様に情報を
伝えることです。最後がしゃべること。しゃべる目的は、お
客様とキャッチボールするためのきっかけづくりです。

お客様の事実を多く引き出すことが大事であると、これま
でに何度も述べてきましたが、いきなり尋ねてもうまく引き
出せないので、こちら側から話すことによって疑問や不満を
投げかけてもらうわけです。つまり「聞くためにしゃべる」
のです。

ところが、多くの営業マンは「しゃべるためにしゃべる」。
だから、お客様の口から出た疑問や不満という、宝箱のカギ
を見逃してしまい、長々と自社商品の説明をしてしまうので
す。

◆見せることで理解が深まる

「見せる」こともとても重要です。

グラフや図などをお客様に見せると、伝えたいことを端的に伝えられます。保険商品などは特に、図やグラフがなければ理解できるものではありません。

学校の授業でも、黒板がなければ、先生が話すだけで理解させようとすることは困難です。視覚に訴えながら、整理しながら話すから頭に入るのです。

また、見せるものがあると、共通認識が生まれやすくなります。**お客様に図やグラフを見せながら話す**ことで、お互いの考えていることが同じになります。

ところが話だけでコミュニケーションしようとすると、「エッ、そんなことだったの？」と、双方の認識がズレていることがよくあります。

また、紙などの媒体物を営業マンとお客様の間において話すことにより、心理的な距離感が縮まることもあります。向き合って目と目を見て話すことは、かなり緊張感を生み出しますが、媒体物を間に介在することで、リラックスする効果もあります。

◆結論を先に、大きく出す

見せるためのツールを作る際に工夫してほしい点は、「結論を先に」「大きく見せる」こと。

最悪なツールは、だらだらと理由を書いて、最後にやっと結論を書いているもの。これでは読む気になりません。パッ

と目を引くものでないと、意味がないのです。

　日本語の特性上、結論があとになってしまいがちですが、英語のように結論を先に出すことが重要です。そのあとに、その結論へとつながる理由を書くのです。

　身近なところでいうと、スーパーのチラシはいいつくり方をしています。「今日の特売品」をバンと大きく目立つようにしています。ややオトリ広告的な部分はありますが、最大のウリを端的に大きく最初に見せる点で優れています。

　また、**文章は極力短くし、グラフや表や図やキャッチフレーズを多くすることも大事**です。

　ビジネスツールなので、どうしても文章を入れたがりますが、極力少なくしてください。不足している部分は、説明するときに話せばいいのです。「本当にこんなことができるのか？」と聞かれたときに、口頭で話せばいいのです。

　実は、こうした質問や疑問をもってもらうためのツールなのです。

◆ツールづくりは営業マネジャーの仕事

　こうしたツールをつくるのも、営業マネジャーの大事な仕事です。個々につくらせていては時間がもったいないし、当を得ないものができてしまう可能性があります。

　自社商品のメリットを念頭において、それを伝えるツールをつくり、一斉にそのツールで打って出ます。

　その後、現場の意見をさらに集約して、より精度の高いものにつくり換えましょう。

来年・再来年の採用を勝ち抜く

弊社ご活用のご提案

自社の現状を把握し、採用・適材配置を成功させる

導入メリット

❶ 御社独自の採用基準の明確化
❷ 変動しない資質に注目
❸ 優れたコストパフォーマンス

ご活用範囲

採用から一貫してデータを蓄積・分析する事で
採用戦略や組織戦略に役立てる

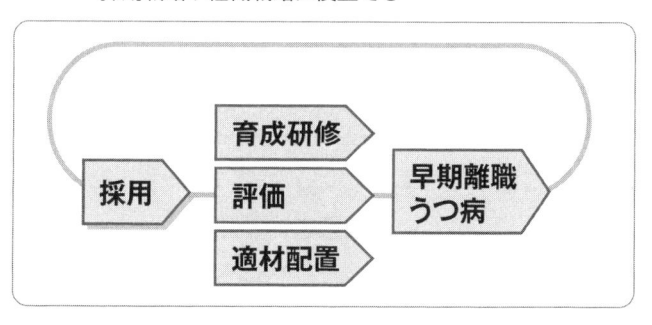

結論を先に、大きく見せることが重要。文章は極力少なく、図
やグラフやキャッチコピーを大きくしよう。

6 できるだけ多くの事実を引き出そう

お客様の事実が多いほど、精度の高い仮説が立てられる。それにはマネジャーの指導が不可欠。

◆事実を増やして精度を上げる

お客様から引き出す事実が多ければ多いほど、仮説の精度が高まることは、繰り返し述べてきたことです。

たとえば、コピー機を売る場合、お客様の会社のフロアの数、従業員数、現在のコピー機台数はどんな営業マンでも押さえるでしょう。つまり、従業員100人当たり平均4台必要だとすると、現在の3台では1台足りないだろうと仮説が立ちます。

しかし、もう少し別の角度から事実を引き出すと、さらに精度の高い仮説が立てられます。

たとえば、募集情報を見たときに、採用数がどんどん増えているのであれば、1台どころか2台不足することが予想されるし、逆に、人減らしをしているのであれば、台数の追加ではなく、機能替えやリースアップのほうがお客様のメリットになることもあります。

このように、**事実が多ければ多いほど、仮説の精度は上が**

りします。

◆公表データからも事実は見える

客観的事実は、お客様から話を聞いて入手するだけではなく、ホームページ、会社のパンフレットなど、会社の公表データからも得ることができます。

たとえば、営業部門と間接部門の人数の比率を調べて、非常に多忙な会社であるにもかかわらず、営業部門が3、間接部門が7という比率であったとすれば、営業マンが仕事量に追いついていない可能性が考えられます。

その場合、いかにして営業生産性を上げるかということが課題になっていることが予想されます。そこに自社商品がどう役立つかを考えれば、より的確な仮説が立てられます。

また、営業マンの数は多いのに、売上が少ないという事実があれば、営業マンを新たに採用するのではなく、営業マンを教育することが優先事項となります。

そういう仮説が立てられるかどうかは、ひとえに事実がどれだけあるかにかかっています。

◆人の流れを見ることの重要性

事実を集めるためには、どんな商材であっても、**人の流れをつかむことが重要**です。営業マンは増えているのか、減っているのか、募集しているのか、いないのか、間接部門との比率はどうなのか。

会社の動脈である人の流れを押さえると、いろんなものが

見えてきます。

◆営業マンのタイプで方法は異なる

　事実の収集の仕方はマネジャーが教えることが大事です。お客様に直接会って入手する事実は、営業マンしかできませんが、前述したような公表されているデータから事実が見えてくることがあるので、それらについてはマネジャーが教えてあげないとなかなかわかりません。

　また、**営業マンのタイプによっても事実の引き出し方を変えてあげる**ことも必要です。たとえば、電話で話すことが苦手な営業マンもいれば、得意な営業マンもいます。同じようなトークをしても、100件かけて30件アポイントが取れる人もいれば、5件しか取れない人もいます。

　こうした営業行動の客観的事実をマネジャーは見逃さずに、適切な指導をすべきです。

　電話が得意な営業マンにはそのままかけさせればいいですが、そうではない営業マンであれば、ツールを工夫して飛び込み営業に切り替えたほうがいいかもしれません。結果として受注数が上がればいいのですから。

　マネジャーのタイプによって「効率がいいからともかく電話をかけろ！」と言う人と「ともかく営業は飛び込みだ！」と言う人がいます。どちらも正論ですが、これは営業マネジャーの好みであったり、自分の過去の成功体験に基づいたものだったりします。そうではなく、個々の営業マンの営業行動を見て、適性を判断することも重要です。

事実を探るときは、人の流れを見る

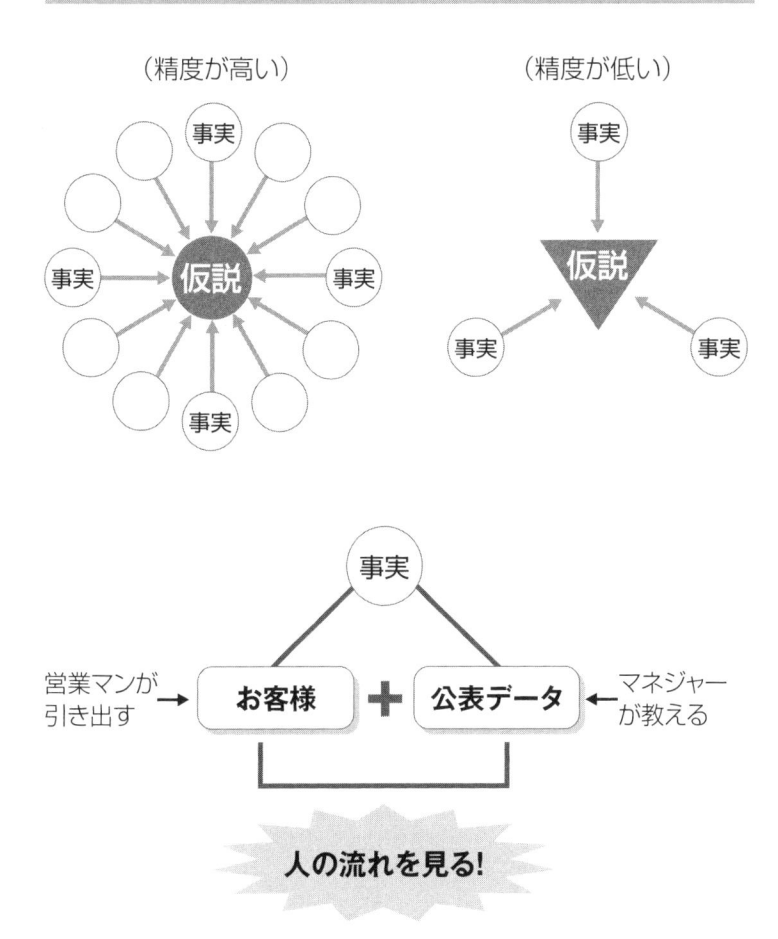

（精度が高い）

（精度が低い）

営業マンが
引き出す　→　お客様　＋　公表データ　←　マネジャー
が教える

人の流れを見る!

事実は多ければ多いほど、仮説の精度が高まる。事実は、人の流れを注視することで見えてくる。

反面教師も必要

　今でこそ偉そうに営業指導などしていますが、私も新人の頃は、時には落ち込んだりやる気を失くしたりしたものです。特に、やる気や結果は、営業マネジャーによって大きく左右されました。

　当時は、高度経済成長期に営業してきた人がマネジャーになるケースも多く、いわゆる猛烈タイプも多かったのです。「四の五の言わずに1日100件電話しろ」という方法も否定はしませんが、それですべてうまくいくはずもありません。そういうマネジャーの下では本当にやる気が失せました。

　しかしその一方で、優秀なマネジャーもいました。その差は何かと考えたとき、決して飲みに連れて行ってくれたとか、相談に乗ってくれたというような安易な人間関係ではなく、どんなに厳しいことを言われても、事実を基に的確に指示を出してくれたかどうかの違いだったのです。本当に働きやすかったし、他の営業マンも業績を上げていました。

　私は、この2種類のマネジャーを見てきたから、今日の自分があると思っています。

第**5**章

優れた マネジャーになろう

マネジャーの力を上げることができれば、業績は必ず上昇します。なぜなら、マネジャーこそが現場で事実をつかみ、それを基に仮説を立て、それを経営にもフィードバックできるからです。

1

営業がマーケティングすると、現代的な組織が構築できる

現場の事実を間近でつかめるマネジャーがマーケティングできると売上は伸びる。

◆売る側の思惑だけでは売れない

ものをつくれば売れる時代は終わりました。「推奨銘柄はこれだ！」とばかりに、売る側だけの思惑で売ろうとしても売れません。消費者の事実をつかんで、それに対して仮説を立て、メリットを提供することが大切です。

そのためには、お客様にもっとも近い営業現場を束ねているマネジャーがマーケティング、そして商品企画の発想をもっていることが不可欠なのです。

◆企画室だけに頼らない

マーケティングができる組織としては営業企画室が重要ですが、彼らが得意としているのは、一般消費者の動向や心理を探ることです。

しかし、そこから導き出されたものを基にして商品をつくろうとしても、実際にはつくることが難しかったり、販売戦略が現場とズレていることはよくあります。なぜかと言うと、

マーケッターがつかむ事実は、かなり幅が広い「総論」なのです。それに対して営業現場がつかめる事実は「各論」です。

総論だけで戦ってもうまくいきません。総論と各論をうまく組み合わせて戦略を練る必要があります。

お客様は何に困っているのか、何を求めているのかという各論をつかんだうえで、企画室が打ち出した戦略とどう結びつけるか、考える必要があります。

◆内側よりも外側（お客様）に目を向ける

現場のマネジャーは、マーケティングの発想をもつマネジャーと、そうでないマネジャーに二極化しているように見えます。前者は、取材力を発揮して、お客様の事実を基に自社商品がどのようなメリットを生み出せるのか、考えながらマネジメントをしていますが、後者は、売上の数字や原価を落とす方法や利益率を上げる方法ばかり考えており、努力の方向性がインナーになっているようです。

もっと外側、つまり**お客様の事実に目を向ければ、新たな視点が生まれます。**たとえば、お客様のニーズによっては、利益率は低いけれども大量販売したほうがいいケースもあるし、利益率の高いものをピンポイントで売ったほうがいい場合もあります。

こういう判断ができるのは、現場を知っているマネジャーです。企画室や本部や会社が打ち出してきた方針だけに従って闇雲に売ろうとしてもうまくいかないことが多いのです。

たとえば、NTT の携帯電話「らくらくホン」も現場の事

実を最大限に尊重して生まれてきた商品ではないでしょうか。携帯電話は日本中にいきわたり、まだもっていない率が高い層は高齢者ぐらいです。その層はもちたいという願望はあっても、使う用途は限られていて、しかも従来の携帯電話では機能が多すぎて使いにくい。

こうした事実を基に、ごく基本的な機能だけを搭載した、使い勝手のよい製品が生まれました。現場の事実を集めた結果、新しいマーケットが生まれたわけです。

◆POSシステム的な発想をもとう

コンビニエンスストアの POS システムは、商品の販売・支払いが行なわれるその場で、品名、数量、販売時刻など、お客様の事実を収集することであり、利益率の高いものを割り出す優れた方法です。マネジャーは、この **POS システム的な発想をもつことが重要**だと思います。

もちろん、業態が違いますので同じ方法は通用しませんが、事実を拾い上げるという点は同じです。

マネジャーこそが現場の声を知りうる、また事実を掌握できる責任者ですから、その強みを最大限に生かして、マネジメントの発想を基に商品企画をすべきなのです。

そうしたことができるマネジャーがいる組織はまちがいなく強くなります。

マネジャーはマーケティングの発想をもとう

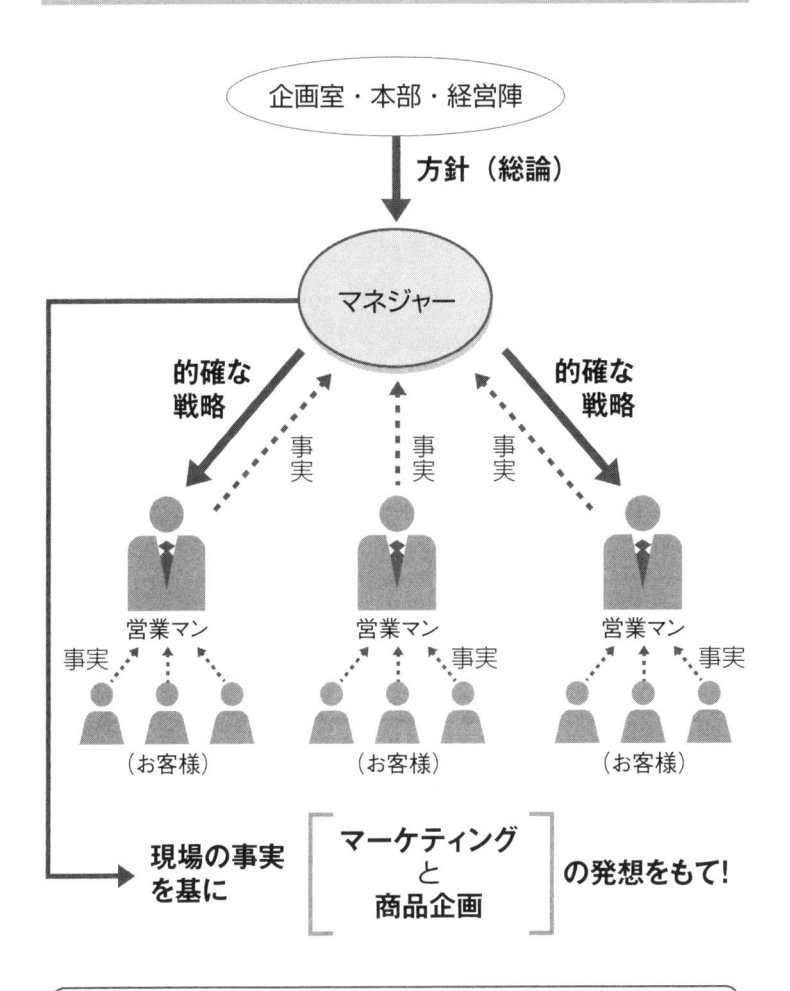

マネジャーは、現場から吸い上がる事実を基に、マーケティングと商品企画の発想をもとう。

2

具体的な指導こそ
マネジャーの要件

具体的な指導ができるマネジャーがいると、メンバーの
成長が速く、強い組織ができる。

◆具体的な指導ができるマネジャーは強い

　マネジャーが強い組織は、メンバーの成長するスピードが
速いです。人材育成がどんどん進み、それに伴い組織も発展
します。ひいては、業界のトップクラスに躍り出ると私は思っ
ています。

　マネジャーが強いということは、部下に対して具体的な指
示ができるということです。「売れ！」とか「もっと回れ！」
などという大雑把な指導ではなく、数字をはじめとする事実
を根拠にして、「キミの場合はこれが足りないから、これを
こうしたほうがいい」「キミはこれが得意だから、ここをこ
うすればもっとよくなる」など、**それぞれに見合った具体的
な指導が成長のカギ**となります。

◆部下が成長しないのはマネジャーの責任

　具体的な指導ができないマネジャーは、人材を無駄にして
いるケースが多いです。なかなか成長しないことを部下のせ

いにして「こいつは使えない」と思い込み、切り捨てています。成長しないのは、具体的な指導ができないマネジャーのせいであって、人材の質ではありません。

なぜなら、具体的な指導というのは、やる気さえあれば誰もが真似・実践できるからです。

指導通りに実践して、失敗したらまた次の具体的な指導をし、そのとおりにやらせます。こうして成功体験と失敗体験を積み重ねながら、部下は成長していきます。

ところが、曖昧な指示は、一部の人間しかうまくやれないのです。

◆部下の具体的事実をつかむ

具体的な指導をするためには、部下に関する具体的な事実、つまり営業プロセスを掌握しておくことが欠かせません。

私の会社では、そのために、簡易的なセールスフォースを用いて、各営業マンが何件回ったのか、どこに行ったのか、結果はどうだったのか、簡単に入力して、それを集約できるようにしています。

難しいことではなく、PDCA（プラン・ドゥー・チェック・アクション）、つまり**計画を立てて、それを実行して、結果をチェックし、そしてまた行動する**というサイクルを回すことだけがマネジャーの仕事ともいえます。

そこから、各人の営業プロセスを目に見える形で掌握しながら、それぞれに見合った的確な指導を行ないます。

「こいつは押しが弱くて……」などと、人物評をよく耳にし

ますが、それは客観的事実に基づいたものではなく、キャラクターだったりすることが結構多いのです。しかし、必要なのは、**各人の営業履歴をマネジャーが言えるか？** です。

それをつかんでいれば、たとえば、A君は新規に強い、B君は大口に強いけれどもその他は回らない、などという事実に裏打ちされた特性というものが見えてくるので具体的な指示もできるわけです。

◆その場で指導、その場で改善

具体的な指示をすれば、その結果の良し悪しも明確になります。「A社のBさんに対してCのタイミングで……しろ」という指示を出しておけば、やったのか、やらなかったのか、その結果はどうだったのか、などが明確につかめます。

曖昧な指示では、その結果がわかりません。つまり、PDCAのサイクルが回せないのです。

出た結果に対して指導・改善する場合の注意点は、時間が経過したあとで指摘するのではなく、「その場」ですること。

なぜなら、あとで言われても、ピンと来ないからです。誰しも一所懸命に仕事をしているつもりでも、それぞれ癖があるものです。

その癖は自分では自覚しにくいもので、あとで言われても「自分は一所懸命にやっている」「そんなことはない」「いつのことを言っているんだろう？」と思ってしまいがちなのです。

その場で言うことによって、ミスのポイントが明確になり、本人も素直に自覚でき、修正が可能となります。

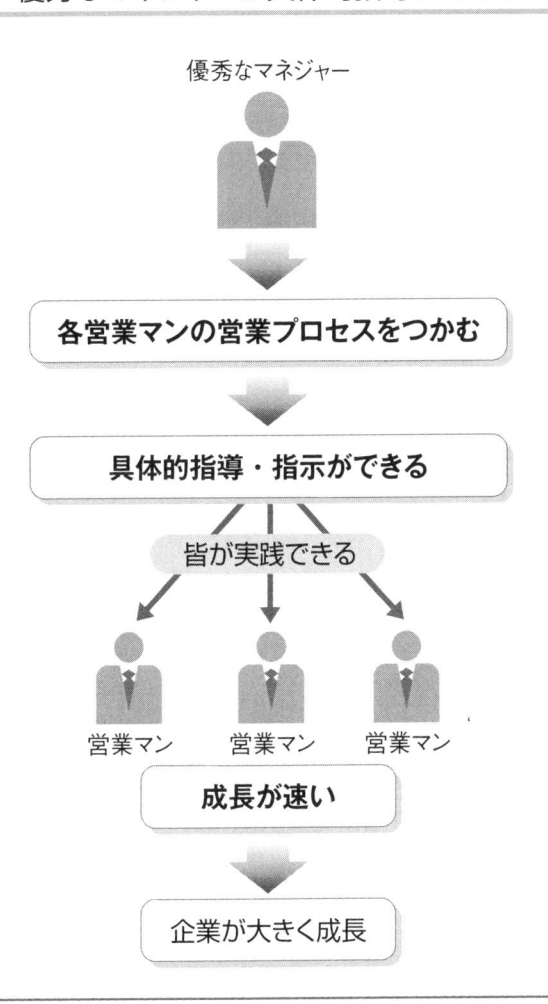

優秀なマネジャーは具体的指導ができる

優秀なマネジャー

各営業マンの営業プロセスをつかむ

具体的指導・指示ができる

皆が実践できる

営業マン　　営業マン　　営業マン

成長が速い

企業が大きく成長

優秀なマネジャーは、各人の営業プロセスを掌握し、それに基づく具体的な指導ができる。するとメンバーの成長は速い。

3

正しい評価をし、
競争的風土を醸成する

優秀なマネジャーは、正しい競争を仕掛け、結果と共に
プロセスを評価する。

◆狙った方向に競争を煽る

マネジャーや経営者は、会社の方針にそった競争を社内に
仕掛けることが重要です。

たとえば、一発狙いで1億円を売る営業マンはヒーロー
ですが、取引先を増やすことに重点を置く期間は、1件100
万円の商談を10件成立させる営業マンを評価し、讃えるべ
きです。そうすると社内全体が件数を巡って競争を始めます。

逆に、今度は増えた取引先の中から単価の大きいメインク
ライアントをつくりたいという時期になれば、一発狙いで1
億円売れる営業マンを評価し、讃えるべきです。そうすると、
社内全体が単価を巡って競争を始めます。

会社が進むべき方向、狙った方向に向かって進めるように、
マネジャーや経営者は競争を煽る必要があります。

◆評価方法を工夫する

評価の方法としては、給料・査定に反映させることはもち

ろんですが、がんばった人を定期的に表彰して、みんなの前で話をさせるなど、自尊心をくすぐることも大事です。

　また、売上の数字だけではなく、いい情報を取ってきた人を表彰するなど、マネジャーの考え次第でさまざまな評価方法を工夫するとよいでしょう。

◆プロセスを評価しよう

　正直者がバカを見ないようにすることがマネジャーの重要な仕事です。

　そのとき、これが非常に重要なのですが、報われない努力はプロセスが悪いのだと思わせることです。**正しいプロセスを踏んでいれば結果は必ず出る**ということを、身に染みてわからせる必要があります。

　営業マネジャーは往々にして結果マネジメントに陥ってしまうことがあります。つまり、プロセスを見ずに売上だけを見て「こいつはいつも目標達成によく貢献してくれている」と讃え、評価します。

　たしかに、結果を出すことは重要ですが、正しいプロセスを実行しなくても、結果が出ることがあります。

　たとえば、たまたま有力者をつかんだり、幸運が重なることもあります。

　そのとき、結果だけを讃えてしまうと、正しいプロセスを実行してまじめに努力しているメンバーが、自分がやっているプロセスがバカらしく思えてきてしまうのです。これは最悪です。

正しいプロセスを続けている営業マンは、時間がかかったとしても必ず伸びてきます。本物になってきます。しかし、そうでない営業マンは、いいときはいいけれども、悪い時はさっぱり結果が出ないという、乱高下の激しい結果となります。先が読めないのです。

結果マネジメントは、皆が「結果さえ出せばいいんだろう」ということで一発狙いになってしまい、会社としては非常に不安定になるし、「あのマネジャーは結果しか見てくれない」と思われてモチベーションも下がります。

結果とともにプロセスを評価することが、長い目で見るととても重要なことなのです。

◆正しい評価で切磋琢磨させる

マネジャーが正しい評価ができるようになると、個人個人の間で切磋琢磨するようになり、その部署の成績は必ず上がります。

そうすると、その課の社内での発言権も増し、お金や人の投資も優先的に回してもらえるようになります。

あるいは、自分の課のトップ営業マンを隣の課のマネジャーに昇格させるなど、人事的優遇処置を行なうようにすれば、さらに切磋琢磨するようになります。

つまり、個人が競争することで、全体の成績が上がり、そこで得られる果実を皆で分け合うことが大事なのです。皆がいい思いをするようになります。

これが組織全体の活力につながっているのです。

競争を促すための社内指示例

電話のコール数が500件もかけていてコンタクト率が5％ということは、リストが悪いか、アプローチトークが悪いかである。リストは何を使っている？　うちのサービスを利用するメリットは何？

飲食店の募集件数は前年比20％アップしているが、うちの課では10％しかアップしていない。失注の理由を明確にしよう。

ファクトファインディングから次のプレゼンテーションの日程が2週間も空いている。なぜなのか？　ファクトファインディングは足りているか？　キーパーソンに会えているか？

失注したA社、B社に今週中に一度、同行営業をして、再度ファクトファインディングしよう。

今期は、一部上場企業中心に新卒採用の営業に絞ろう。

今週は、有効商談件数を5件つくることを目標に動こう。

今週は、アポがとれない30社に飛び込み営業し、このツールを使ってアプローチしてキーパーソンに会おう。

> メンバーが競争しながら狙った方向に進むためには、マネジャーの的確な指示が重要。ここに紹介しているのは、私の会社の社内指示集です。

4

優秀なマネジャーは
景気に左右されない

「景気が悪いから」というのは言い訳だ。優秀なマネジャーは事実から突破口を見出す。

◆景気が悪いことを言い訳にしてはいけない

優秀なマネジャーがいると、景気に左右されない企業に変われます。なぜなら、彼らは、**景気がどうあれ、生き残るための突破口を見つけられる**からです。

景気動向調査で出される結果は、総論です。

全体傾向としてはたしかにそうした傾向があるかもしれませんが、個々の企業を見れば、そんなものは関係ありません。景気の悪いところは悪いし、いいところはいい。売れるものは売れるし、売れないものは売れない。

「景気が悪いから売れない」というのは、エクスキューズに過ぎません。まわりが売れないから自分も売れないのだと言い訳をしているだけです。

◆削減されてない予算を探そう

たしかに、今までつき合いのあった会社の予算が削減されるなど、明らかに経費削減に向かっていることが読み取れる

ケースは多々あります。

　大事なことは、その事実は事実としてつかんでおき、一方で、予算を抑制するだけではなく、今までどおり、あるいは今まで以上に使っている部分もあるはずで、そうした事実を見逃さないことです。

　その部分に、自分たちが提供しているサービスを結びつけられないか、発想する力をマネジャーがもてば、活路が開けることはよくあります。

◆お金を使う優先順位を探ろう

　たとえば、次のようなことです。

　人材派遣を主な業務とする企業があったとします。その企業の取引先の経営が悪化していて、新たな人材派遣ができなくなったら、どうするでしょうか？

　一般に、企業が営業生産性を上げるためには、営業マンを新規採用したり、営業マンの教育研修費を投入したり、IT導入によってシステム化したりします。

　ところが、景気の悪化によって、営業マンの採用がゼロとなった場合、普通のマネジャーは「あそこは景気が悪いから」と諦めムードに入りますが、**優秀なマネジャーはキーパーソンと会って背後にあるさまざまな事実を引き出そうとします。**

　もしそこで、採用はゼロになっても、営業生産性を伸ばしたいという旗自体は降ろしていない事実が見つかれば、活路はそこから開けます。

　たとえば、採用をゼロにする代わりに、営業マンにパソコ

ンを持たせて IT 武装させて生産性をあげようと、その企業が考えていたとします。

　しかし、本当にそれで生産性が上がるのか考えてみて、期待できないようであれば、こんな提案をしてみます。

「営業マンを IT 武装させてもあまり効果は上がらないと思います。それよりもむしろ訪問件数を 2 倍にするほうが先決ではないでしょうか。そのために、たとえば、営業マン 3 人に 1 人の割合で、優秀な営業事務をつけて、面倒な事務作業を一括して遂行させましょう。その分、営業マンには徹底して外回りをしてもらったほうが、生産性は 2 倍になりますよ」

　あるいは逆に、こちらが IT 系の企業だとして、取引先の企業が営業マンを増員する代わりに IT 投資の経費を削減しそうな場合には、こんな提案をすることもあるでしょう。

「営業マンは誰を採ってもあまり変わりませんから、部長が全部管理してはどうですか？　営業マン全員に端末をもたせて、情報武装させて、さらに GPS までつけてどこにいるのかわかるようにして直接指示するようにすれば、現有戦力でも生産性は 2 倍になりますよ」

　これはひとつのたとえですが、要は経費削減といっても、それはお金を使う優先順位の問題であって、**すべてから予算を引き上げない以上、活路は見出せる**ということです。

◆活路を見出す会話をしよう

　ダメな営業マンは「あの会社の採用予算経費は今年はゼロ

削減されていない予算からヒントが見つかる

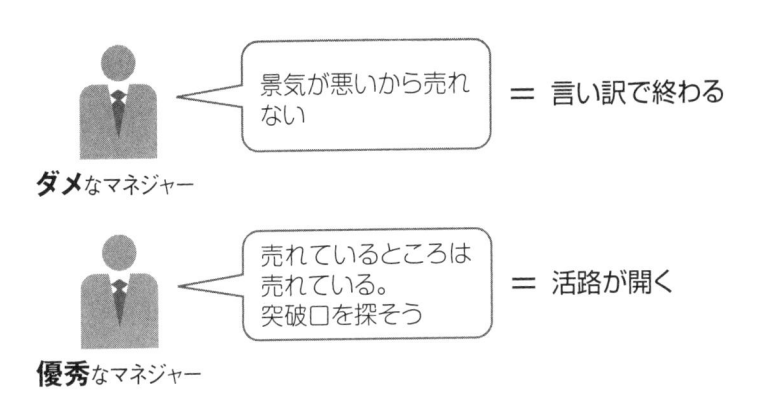

ダメなマネジャー

> 景気が悪いから売れない

= 言い訳で終わる

優秀なマネジャー

> 売れているところは売れている。
> 突破口を探そう

= 活路が開く

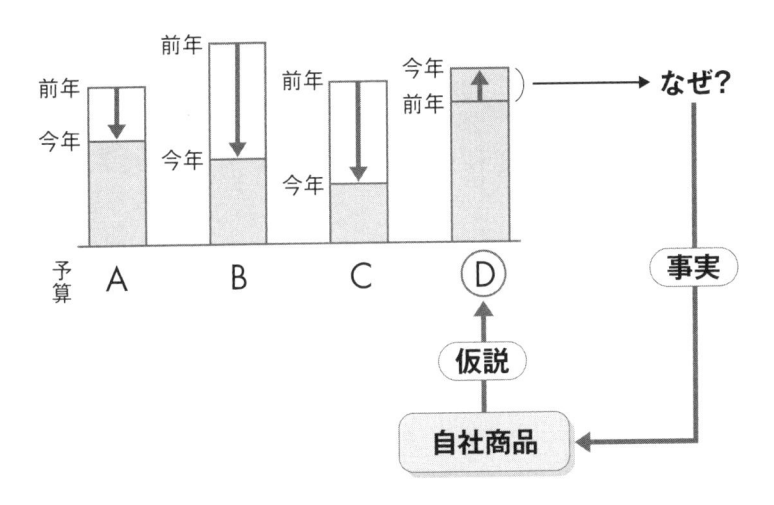

> 経費削減の中でも、予算が増えている、あるいは変わらないものはないか。そこに自社商品を結びつけるヒントが見つかる。

です。したがって今回は無理です。以上です」と言い、ダメなマネジャーは「そうか、ゼロだったらしょうがないな」と答えます。

そこで終わりにしないで、活路を探すのです。キーパーソンと会って、こんな会話をしてみましょう。

「じゃあ、生産性をあげるのはやめたんですか？　縮小することに決めたんですか？」「いや、そうじゃない。生産性は上げたいと思っている」「では、どうやってやるんですか？」「現有戦力をIT化するつもりだ」「それは危険ですよ。むしろ……」

という具合に、**積極的で建設的な提案をすることができるかどうかに勝敗のカギがかかっています。**

◆とにかく、事実をつかむことが重要

ここで重要なことは、本書で一貫して訴えてきた「事実をつかむ」ことです。

事実をどれだけ引き出せるか、そして仮説を立てられるかが勝負で、そこから新たな展開が広がっていきます。それがマネジャーの力です。

力のないマネジャーは「俺のせいじゃない。景気が悪いから」と諦めます。しかし、優秀なマネジャーは「何かあるはずだ」と踏ん張ります。そこに差が生まれます。

もちろん、百発百中とはいきませんが、そういう癖がつくと、どこかで活路が開かれるものです。そうすると、景気が悪くても、そこだけは儲かるという現象が生まれてきます。

事実から新たな展開を見つける

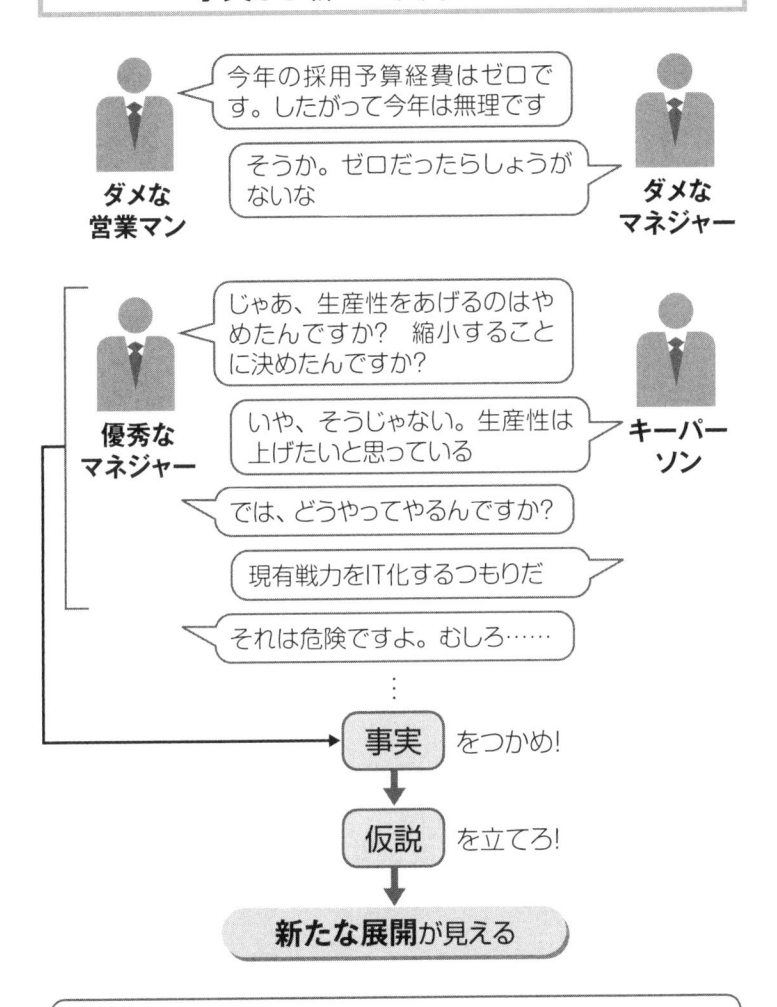

キーパーソンから事実を引き出しながら、仮説を立てていくと、そこから新たな展開が見えてくる。

5

優秀なマネジャーのまわりには 新規事業があふれている

現場の事実をつかむマネジャーのまわりからは、新商品や新規事業が生まれてくる。

◆ヒントは現場にあり

今の時代、無から有を生み出すような新規事業や、見たことも聞いたこともない新商品をつくり出すことは、まずありえません。ほとんどは、既存の商品・サービスの周辺から生まれてきます。たとえば、インターネットという既存のサービスからさまざまなサービスが生まれてくるようにです。

こうした時代に重要なことは、お客様の事実をたくさんつかんでおくことです。

たとえば、今まで人を採用していなかった企業が急に採用を始めたという事実をつかめば、何か新しいビジネスチャンスが隠されていることがあります。

つまり、机にかじりついたまま新商品や新規事業を考えるのではなく、**ビジネスの現場に入り込んでお客様の事実をつかむ**ところから、新規事業の可能性が見えてくるのです。

だからこそ、優秀なマネジャーのまわりには新規事業があふれているわけです。

新商品開発のヒントは現場にあり

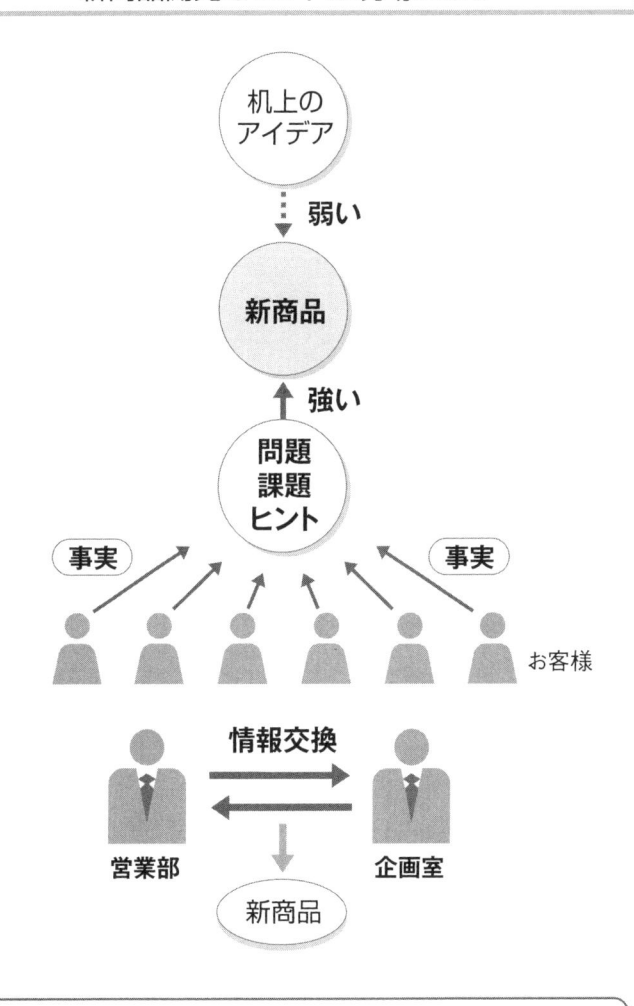

新商品開発のヒントは、現場が拾い上げたお客様の事実から見えてくる。課題や問題がカギを握っている。

◆問題や課題に注目しよう

　また、優秀なマネジャーはお客様の信頼も厚いので、お客様から相談を受けているうちに、たとえば、「お宅の商品を使っているけれども、こういうことができればもっといいんだけどな」というように課題を投げかけられることがあります。それらをクリアしようと模索すると、そこから新商品やサービスが生まれてきます。

　新規事業といっても、そのほとんどは、突然浮かんだアイデアから生まれるのではなく、現場の問題点や課題や欲求を解決しようとするところから発生することがほとんどなのです。

　だからこそ、そうした事実を見逃さない優秀なマネジャーがいるところは強いわけです。

◆企画室と常に連携をとりあう

　新商品を生み出すためには、企画室はたしかに重要です。しかし、お客様の事実を引っ張ってこれるのはマネジャーや現場の営業マンであることを考えると、この**両者が緊密に情報交換やディスカッションすることが大切**です。

　企画室が企画室だけでアイデアを練っても的外れになることもありますが、そこに現場の事実をつかんでいる営業マネジャーが情報提供して、ディスカッションすることで、商品開発の大きなヒントになります。

　企画室は考えるだけで、営業は売るだけだと、営業は企画室に対して「商品がよくないから、全然売れない」と言い、

企画室は営業に対して「あいつら、全然売ろうとしない」と
愚痴をこぼすようになります。

◆マーケティングリサーチは自前でできる

　新商品や新規事業を考えるためのデータや情報も現場にあ
ります。

　もちろん、広告代理店などに依頼してマーケティングリ
サーチしてもらうのもいいですが、現場で、自分たちの手で
マーケティングすれば、経費はゼロです。

　5人の営業マンが1人20社担当していれば、単純計算で
100社、何のリスクもなく訪問することができます。そこ
で聞いてきてほしいデータや情報を、マネジャーや企画室が
明確にして頼めば、100社分のデータや情報が自前で集め
られるのです。

　また日頃から、営業履歴が残るようなシステムをつくって
いれば、そこから各種情報やデータが集まることもあるで
しょう。

　つまり、**広告代理店や調査会社に頼まなくても、情報やデー
タは集められる**ということです。

◆時には独断でやるべきときもある

　優秀なマネジャーは自立しています。組織ですから当然、
組織の方針に則って仕事をするわけですが、時には会社の意
向とは違うことを、自分の責任において実行することも必要
です。

たとえば、Ａという営業方針を打ち出されても、全部が
それで通用しないときがあります。お客様の状況によっては、
Ｂという方針が長い目で見ると、会社の利益になると営業マ
ネジャーが判断した場合には、Ｂで売り込んでもよいのです。
　お伺いを立てたら、現場の事情を知らない、上層の管理職
はストップをかけますから、自分の責任と判断でやるしかあ
りません。もし直属の上司で理解がある人ならば、一応了承
を得ることも考えられますが、基本的には勝手にやります。
　こうしたことができるマネジャーがいると、本当に強い組
織になります。

◆稟議規定は明確にしよう

　自立したマネジャーを育てるには、稟議規定も明確なもの
にしなければなりません。
　たとえば、販売促進費は200万円まではマネジャーの判
断で出してもいいとか、値引きは10％まで認めるなど、**具
体的な数字を明確にして定めておく必要があります。**
　もし曖昧だと、値引きしたあとに「どうしてそんなに値引
きしたのだ」と怒られる羽目になります。権限を与えている
と言いながら、何も権限がないのと同じです。
　権限が明確にならないと、現場のマネジャーは判断を避け
て責任回避を始めます。
　そうすると、判断が遅れて、お客様はイライラしはじめ、
商機を逸します。稟議規定を明確にすることは、失注を防ぐ
ことになるのです。

職務権限基準・稟議一覧表

○…起案　◎…決裁　●…報告

区分		分掌	担当	リーダー	マネジャー	部長	事業本部長	執行役員	社長	会長	執行会	取締役会	稟議	備考
事業開発本部　分掌業務	顧客および市場開拓業務	1　新規顧客の調査分析に基づくターゲットの絞込みと営業戦略の策定			○		◎		●					
		2　顧客との各種コンサルティング業務にかかわる基本契約の締結					○		◎					
		3　顧客との各種コンサルティング業務にかかわる料金表改定に関する業務			○	◎	●							
		4　スタッフ求人計画および広告媒体の選定ならびに広告費の決定			○		◎							
		4　顧客オーダーの受付および業務内容の確定			○	◎								
		5　顧客に対する請求書の発送	○		◎									
	メディア運営業務	1　新規顧客の調査分析に基づくターゲットの絞込みと営業戦略の策定				○	◎		●					
		2　企画提案書・見積書の作成に関する業務	○			◎	●							
		3　契約締結に関する業務					○		◎					
		4　請求書発行依頼に関する業務	○			◎								
	研修業務	1　各種コンサルティングの事前準備および推進フレーム構築に関する業務				○	◎		●					
		2　各種コンサルティング実務全般に関するトレーニングの実施	○				◎							
		3　研修会資料の作成および結果レポートの保存	○				◎							
		4　研修結果報告会	○				◎		●					

稟議規定は具体的な数字を記載して、マネジャーの権限をどこまでにするか、明記する必要がある。

6

対応次第で悪い口コミが減り、よい口コミが広がる

優秀なマネジャーがいる会社は、悪い口コミが減り、よい口コミが増える。

◆クレーム対応のために権限を明確にする

会社の評価や売上にとって、**口コミは大きな存在**です。

まず最初に、悪い口コミの最大の原因となるクレームについて考えてみましょう。前節で述べたように、マネジャーの決裁権が曖昧なままになっていると、クレームが発生した場合に、問題が大きくなります。

たとえば、とにかく謝りに行こうということでマネジャーが担当者と一緒にお客様のところに出向いたとき、こんな会話が交わされることがあります。

「このたびは本当に申し訳ありませんでした」

「どうしてくれるんだ？」

「はい、この件に関しては、いったん持ち帰って社内で相談させていただきます」

「今、約束してもらえないのか？」

「私の判断では申し上げられないので……」

「じゃあ、何しに来たんだよ？」

権限が明確だとよい口コミが広がる

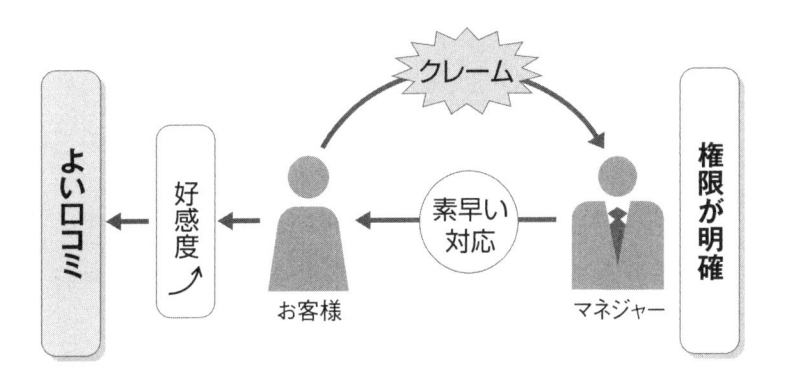

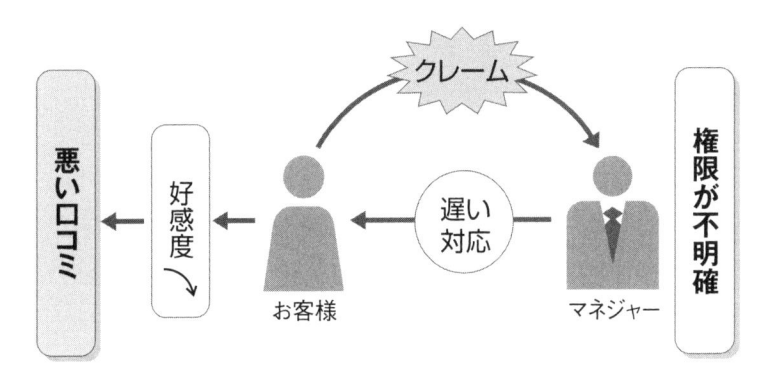

マネジャーの権限が明確だと、クレームへの対応が早くなり、好感度が上がり、よい口コミが広がる。

「はい、とりあえずお詫びをしようと思いまして」

「子供の使いじゃないんだからさ」

　つまり、マネジャーの権限が曖昧だと、このように、対応が非常に遅くなります。特にクレームが発生した場合は、お客様も苛立っていますから、どう具体的な対応をしてくれるのか早く明確にしてほしいわけです。

　そこでグダグダしていると、「もう、いい。君のところとは今後はつき合わない」という最悪の結果も考えられます。

　逆に、**クレーム対応を素早く、的確に行なうことができれば、好感度が上がります。**

　失敗というものは常にあります。そのときにどう対応したかによって、会社の体質やマネジャーの質が見えますので、見事な対応ができれば、逆に「あそこはしっかりしている」ということで、よい口コミが広がることになります。

◆クレームを未然に防ぐ

　優秀なマネジャーであれば、クレームを未然に防ぐ確率も高くなります。突発的な事故などは如何ともしがたいことも多いですが、クレームが出るべくして出るようなケースは、かなりの確率で防ぐことができます。

　たとえば、お得意様であるにもかかわらず、担当者が長期間出向いていない事実が見えたら、そこで即座に指導・矯正することができます。

　そこで重要なことは、やはり事実です。営業マンの事実を掌握しておくことで、問題の早期解決が可能となります。

◆まずは事実関係を掌握する

クレームに関する一般的な対応を確認しておきましょう。

いわゆるクレーマーと呼ばれる人は、対処法が難しいのはたしかです。安易にミスを認めてしまうと損害賠償を請求される危険性もあるし、騒ぎを拡大しようとすることもあります。

そういう場合は、**謝るべきことはしっかりと謝ったうえで、無謀な要望に関しては聞き入れないことが重要**です。

事実関係をしっかりと掌握したうえで、明らかに自分たちの責任である場合は、言い訳をせずにとにかく率直に謝ることが何よりも先決です。言い訳をしたり、責任転嫁をしたり、遠まわしな謝り方をしていては、火に油を注ぐことになるので、それは絶対にしてはいけません。

◆よいイメージの口コミが広がる

優秀なマネジャーがいると、よいイメージも口コミで広がります。

口コミが生まれるためには、もちろん商品のよさも重要ですが、大事なのは対応です。すでに述べましたが、トヨタの車が他のメーカーと比べてずば抜けて優れているかというと、そうでもありません。やはり営業マンの対応やアフターケアやサービスが優れているから、いい印象をもたれるのです。

お客様がよい思いをすると、そのことを自分の親しい人に紹介したくなります。いいものを紹介することで、自分も感謝され、自分の価値が上がるからです。こうして、よい口コミは徐々に広がります。

7

ロイヤルティーを上げ、
強固な組織をつくる

組織の業績が上がると、自分もいい思いをし、強い忠誠心が育つ。

◆自分と組織の同一化が始まる

優秀なマネジャーがいる組織は、これまで縷々《るる》述べてきたような項目を実践しますので、一人ひとりの営業マンの力が倍増し、業績が驚くほど上がっていきます。

そうするとどういう変化が起きるのでしょうか？　まず、前述したように、その優秀なマネジャーがいる部署への優遇が始まります。投入される人や資金が増え、発言権が増し、人事的にも評価されます。

同時に、個々人も、給料が上がり、出世の可能性が高まり、扱う仕事の領域も広がります。

つまり、**組織と自分の両方がいい思いをします。**

そうすると、「自分の成長と組織の成長が同一である」という実感が強くなっていきます。自分が成長すれば組織が成長し、組織が成長すれば自分も得をするということを体で覚えていくのです。

こうなると、そこで働く個々人が、自分の組織を、会社を

優秀なマネジャーのいる組織は忠誠心が生まれる

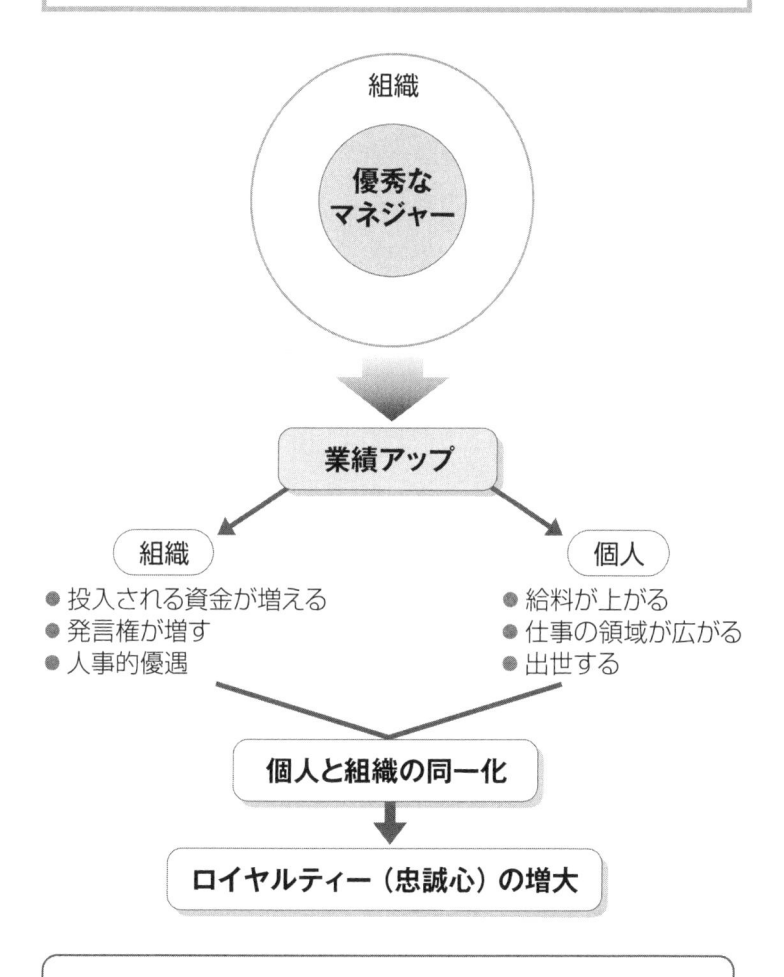

組織

**優秀な
マネジャー**

業績アップ

組織

- 投入される資金が増える
- 発言権が増す
- 人事的優遇

個人

- 給料が上がる
- 仕事の領域が広がる
- 出世する

個人と組織の同一化

ロイヤルティー（忠誠心）の増大

優秀なマネジャーのいる組織は、個人と組織の両方がいい思いをすることによって、個人と組織の同一化が生じ、忠誠心が増大する。

愛するようになります。ロイヤルティー（忠誠心）が高まるのです。「こんなにいい組織はないな」と思うようになると、明るくて活気に満ち、その組織はますます発展していきます。

◆結果が出ない組織は暗い

従業員に対して、口頭でロイヤルティーを求めてもまったく意味がありません。いい思いをすることのできない場所で、どうしてロイヤルティーが生まれるでしょうか？

力のないマネジャーのもとでは、営業マンがなかなか育たないので、業績も上がらず、結果として会社の中でも肩身の狭い思いをし、自分自身も給料は上がらないし昇格も望めず、仕事の範囲も広がりません。

そうすると、組織や会社への愚痴や不満が増大し、ロイヤルティーは急激に減少し、ますます業績は下降線を辿ります。組織はバラバラで暗いものに変わっていきます。

優秀なマネジャーがいるかどうかというのは、これほど大事なことなのです。

◆部下を認める言葉が何よりも大事

部下のやる気をさらに刺激するためには、彼らの**自尊心や向上心を刺激すること**も必要です。特別なことではありません。当たり前のことですが、がんばっている部下に対しては、「キミのおかげで、うちの営業所はもっているんだ」とか、「期待しているから」という何気ない一言が、大きなやる気を引き出すことがあります。

言葉に出すことが重要です。

日本人はこれが苦手ですが、褒めること、感謝すること、期待をかけること、この言葉を言えるマネジャーの部下は伸びます。

結局、仕事に限ったことではなく、人間というものは、人に認められることが何よりも嬉しいのです。社長が長い訓示を垂れるよりも、その一言が成長を促進します。

◆経営者は皆との違いを認識する

経営者がそうした優秀なマネジャーをつくるためには、まず「マネジャーに任せる」ということを自覚してください。

経営者は、自身の成功体験に拘泥《こうでい》してしまい、自分がやってきたとおりにすればいいのだ、と思いがちです。

ところが、その自分がやってきたことをロジカルに落とし込む人はまれです。結果として、うまくやれない社員を見て「こんなこともできないのか」と言ってしまいます。

「売れ」と言われれば売れる人は、どうすれば売れるか自分で考えられます。そういう人が経営者になるわけですが、多くの営業マンは、それができないので、これまで述べてきたようにプロセスを積み上げて、できるようにするしかありません。

マネジャーは、多くの営業マンはうまく売れないということを認識しています。経営者はそのことがわかっていないと、マネジャーのやり方さえも潰してしまい、そこからは優秀なマネジャーは育ちません。

8

経営者は営業マネジャーが育つ環境を用意する

経営者は、権限を与え、仕事を任せることで、優秀な営業マネジャーを育てよう。

◆組織拡大のためには、任すしかない

経営者は、営業マネジャーが育つような環境を整えましょう。正しい評価制度、報奨制度、そして権限です。特に重要なのは、これまで述べてきたように権限です。

経営者の中には、この権限をなかなか与えようとしない人がいます。特に、一から会社を築き上げたオーナー経営者は、自分の会社だという意識が抜け切れずに、全部自分の手中に納めたがります。

しかし、会社組織を拡大し続けていこうと思うのであれば、**権限を与えて任せるしかない**のです。1人ですべてを進めるやり方は、必ず限界がきます。誰かにどこかを任さなければなりません。

営業マネジャーの権限といっても、それほど大きくはないわけですから、それさえ任せられないようであれば、会社を拡大するのはやめたほうがいいと思います。

特に、経営者が、仕事の場を新しいフィールドに広げよう

とする場合は、異業種の社長や金融機関の上層部と会ったり、他社との提携を考えたり、今までとは異なる活動をしなければなりません。この段階になったら、マネジャーに権限を与えて任せるしかありません。

◆マネジャーに教えるべきこと

また、営業マネジャーを育てるためには、これまで述べてきたようなプロセスを管理するツールや仕組みをできるだけつくり上げておく必要があります。

経営者が頭の中だけにもっているのであれば、それを紙に落として、視覚化してあげるのです。それを基に、実際のプロセス管理をするのがマネジャーの仕事です。

また、マネジャーは、お客様や営業マンの事実をたくさん仕入れて、それを基に仮説を立てることが重要だと繰り返し述べてきましたが、これを教えるのも経営者の仕事です。

事実を掌握できるツールなどがあれば、それを基に経営者自身が、たとえば「ここまでわかっていたら、おそらくこういうことじゃないか？　この部分を聞いてみろ」というふうに、事実を基にした仮説を立ててみて、それを実行させながら、学ばせるわけです。

マネジャーに教えるのは、**事実を引き出して、それを基に仮説を立てる、そのノウハウだけ**です。

◆任すための3つの基準

マネジャーに権限を与えたり、大きな仕事を任せたり、あ

るいは新しい営業マネジャーを抜擢するとき、経営者は「大丈夫だろうか？」などと不安感をもつものです。

しかし考えてみれば、上に立つ人は、誰もがそうした「初めてのこと」を経験することによって成長してきたはずです。人は任せることによってしか成長しません。勇気をもって任せることです。

その人物に任せられるかどうかの判断のポイントはさまざまあると思いますが、私はシンプルに、**責任感があるかどうか、お客様からの信頼があるかどうか、メンバーから好感をもたれているかどうか**、を基準にします。

この3つがあれば、弱点や欠点があっても、何とかなります。成長することができます。

◆経営者は責任をとる覚悟が必要

多少のトラブルや失敗があっても、その責任は経営者がとる覚悟は当然必要です。それがなければ、マネジャーは萎縮します。権限を与えられたとしても、上にお伺いばかりをするようになり、結局、経営者が直接関与したほうが早いという状態になってしまいます。

会社を大きくしたのは経営者なのですから、責任を取るのは当たり前です。

経営者が絶対に口を出すべきケースは、現場が法律に触れたり、社会通念上おかしいと思われることをしようとしたり、会社の信用を落としそうな場合です。どれだけ儲かろうが、お客様からの要望があろうが、それは許してはなりません。

優秀なマネジャーを育てるためのノウハウ

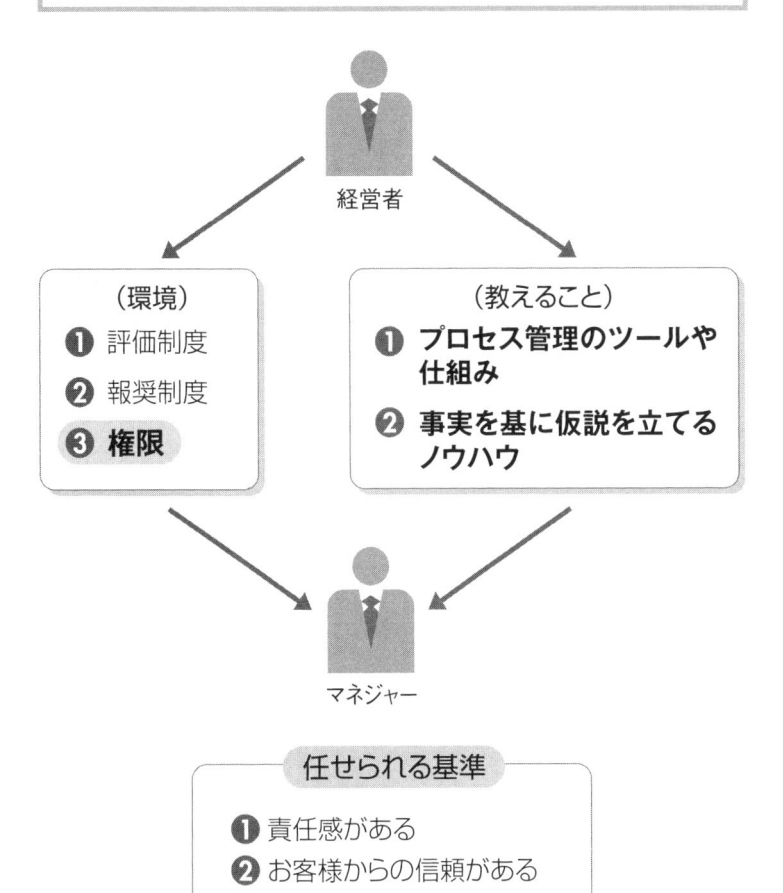

経営者

（環境）
① 評価制度
② 報奨制度
③ 権限

（教えること）
① プロセス管理のツールや仕組み
② 事実を基に仮説を立てるノウハウ

マネジャー

任せられる基準

① 責任感がある
② お客様からの信頼がある
③ メンバーから慕われている

経営者が優秀なマネジャーを育てるために必要なものは、評価、報奨、権限の環境と、事実を基に仮説を立てるノウハウだ。

リクルートの強みは
営業マネジャーにあり

「優れたマネジャーがいる組織は強い」ということが本章のテーマでしたが、その典型的な例のひとつはリクルートだと思っています。

25年以上前になりますが、当時リクルートは、不動産バブルがはじけて1兆9,000億円もの巨額の借金がありました。当時のオーナーの江副浩正氏の独断で、この借金をダイエー創業者の中内功氏に肩代わりしてもらいました。この金額は、たとえば毎年100億円返済し続けても190年かかってしまうような莫大な額です。ところが、数年前にこの借金をすべて返済し、今は一部上場企業となっております。

実は、この原動力こそ、現場の力以外にないと私は思っています。ご存知のようにリクルートは、学生のために、あるいは求職者のためにという現場ニーズをつかむことで成功しました。その発想は受け継がれ、「とらば～ゆ」や「住宅情報」をつくり、さらに現在ではリクナビ等のネット商品をつくるなどして業界トップを走り続けています。いずれも、現場のニーズをつかみ、それを形にしていったものです。

これを最大限に推し進めてきたのは、やはり現場のマネジャーです。ここが強ければ、どんな企業でも成長するのです。

巻末資料

目的別

営業プロセス
管理ツール集

巻末付録として、私の会社で用いている「管理ツール」の一部を掲載します。営業のプロセスを管理するツールとして参考にしてください。もちろん各企業によって必要な情報は異なるので、そのままでは使えないかもしれませんが、必要な情報項目やとらえ方は参考になるはずです。

情報を集めるための
ツールをつくろう！

※ 208 ページもあわせて
お読みください。

　本書の第3章第3節でも述べましたが、事実情報を基に仮説を立て、営業マンに対して正しい指導をすることがマネジャーのもっとも重要な仕事で、その出発点は事実情報の収集です。

　そのためには、営業プロセスを目的別に管理するシートがあれば、たいへん便利です。「事前準備」から「アフターフォロー」にいたるまで、各項目別にセールスのプロセスの成果がひと目でわかるようなものにします。紙ベースで独自のものをつくってください。その際、すべての項目に対してチェックすればいいだけのシンプルな構造にすることが重要です。そうすることで、より効率的に必要な情報を集めることが可能になるからです。

　記入するのは営業マンです。閲覧者は会社の判断によって異なります。たとえば、管理職に限ったり、営業マン全員が閲覧できるようにすることもあります。

●ツールをつくる場合のポイント

　ここでは、私の会社で使っているツールの一部を紹介します。

　これと似たようなものは一般的なソフト「エクセル」でも構築できますし、先ほども述べましたように紙ベースでも十分可能です。大事なことは、集めるべき情報は何で、それをどのように集約し、どこを見るか、という点です。

　そして何よりも重要なことは、記入項目が決まったら、営業マンに漏れなくきちんと記入する癖をつけさせることです。

●現状を踏まえて全体的な作戦を練る

　各ツールについてはそれぞれのページで解説していますが、具体的なイメージが湧くように、いくつか取り上げます。

「売上・粗利達成状況シート」は、月ごとの契約目標額があり、それに対して契約済みはいくらか、あといくら成約すれば目標が達成できるのか、各ヨミランクがいくらあるのかをひと目で見ることができます。

　これによって、指導するポイントが変わってきます。たとえば、すでに目標を達成していれば、極端に言えばクロージングはもう不要で、それよりも来月再来月のための種まきが重要です。

　また、目標が達成されていない場合は、Aランクのヨミをさらに詰めて攻める必要があるだろうし、ヨミが非常に少ない場合は、先々において成約が激減することが予想されるので、新規開拓に力を入れることが急務だということがわかります。つまり、マネジャーが現状を踏まえて、作戦を練るためのツールです。

●営業マンの履歴と顧客情報を掌握する

「案件情報シート」では、営業マンが営業先を訪問したら必ず記入するもので、営業マンの履歴と同時に、顧客情報がわかります。ヨミにも上がっていない状態のお客様情報も掌握できます。

　1件ずつ詰めるときに、これを基に営業マンと作戦を練り、たとえば「ここはもう1回行こう」とか「ここは俺の名前を使え」とか具体的な指導をします。普通の営業部では商談になったお客様しか掌握していないことが多いのですが、ここまで落とし込んでいると、具体的な訪問先や方法が見えてきます。

　考え方の参考になればと思うので、工夫してご利用ください。

営業マネジャーや部長が、自分の課や部が今現在どのような
状況にあるのか、全体的な数字を掌握するためのシート。

売上・粗利達成状況シート

Aランク…80%以上契約可能
Bランク…60%以上契約可能
Cランク…50%以上契約可能
Dランク…契約49%以下
　契　　…契約済

その月の契約目標額は
いくらなのかを明示する

各ヨミランクが
いくらなのかを
記入する

	契約目標額	D	C
×××1年10月	20,000,000	0	0
×××1年11月	20,000,000	2,000,000	3,000,000
×××1年12月	20,000,000	7,000,000	3,000,000
3Q	60,000,000	9,000,000	6,000,000
×××2年1月	30,000,000	85,000,000	14,000,000
×××2年2月	30,000,000	10,000,000	15,000,000
×××2年3月	30,000,000	5,000,000	10,000,000
4Q	90,000,000	100,000,000	39,000,000
下期	150,000,000	109,000,000	45,000,000
通期	250,000,000	109,000,000	45,000,000

基本的には月ごとに掌握する

> **このシートのねらい**
>
> 各月の契約目標に対してヨミや契約済みがどれだけかを把握
> し、今後の作戦を練る。（※「ヨミ」とは「売上数字の見込み」）

すでに契約できた額は
いくらか記入する

目標額に対する契約の達成率を記入する

目標額にあといくら足りないのか記入する

B	A	契約済	達成率	目標残
0	0	21,000,000	105%	1,000,000
0	0	18,000,000	90%	-2,000,000
9,000,000	8,000,000	12,000,000	60%	-8,000,000
9,000,000	8,000,000	51,000,000	85%	-9,000,000
10,000,000	5,000,000	8,000,000	27%	-22,000,000
9,500,000	4,000,000	9,500,000	32%	-20,500,000
8,000,000	4,000,000	9,000,000	30%	-21,000,000
27,500,000	13,000,000	26,500,000	29%	-63,500,000
36,500,000	21,000,000	77,500,000	52%	-72,500,000
36,500,000	21,000,000	183,500,000	73%	-66,500,000

数字、その他の情報はダミーでつくってあります。

個々の営業マンが会社訪問をしたら、
そのつど必ず記入するシート。

案件情報シート

会社の基本情報を記入する

No	自社の担当者	コンタクト日	コンタクトソース	クライアント	エンドユーザー	電話	メールアドレス	住所	事業内容	資本金	従業員数
1	セレブ太郎	2008/10/3	Web	株式会社A	株式会社E	03-1234-○○○○	n-o@○○○○system.co.jp	東京都新宿区○○○○	有価証券、不動産証券化商品の売買、保有及び運用	3,000万円	301～800名
2	セレブ太郎	2008/8/12	セミナー	株式会社B	株式会社F	03-1234-×××××	n-o@××××system.co.jp	東京都新宿区××××	建築業。主にリフォームを中心に事業展開	4,000万円	401～900名
3	セレブ太郎	2008/10/19	テレアポ	株式会社C	株式会社G	03-1234-△△△△	n-o@△△△△system.co.jp	東京都新宿区△△△△	広告代理店。携帯電話サイトに広告を掲載	5,000万円	501～1,000名
4	セレブ太郎	2008/10/21	Web	株式会社D	株式会社H	03-1234-●●●●	n-o@●●●●system.co.jp	東京都新宿区●●●●	機械専門商社。機械部品・設備を販売	6,000万円	601～1,100名

営業マンの履歴とともに顧客情報がわかるようになっている。マネジャーが管理するためのもので、進捗状況を把握し、指導ができる。

クロージングした日を記入する

プレゼンテーションした日を記入する

ファクトファインディングした日を記入する

初回訪問日を記入する

ヨミレベルを記入する

クライアントの担当者	決裁者	提供サービス	ヨミレベル	発注年月	納品年月	受注金額	納品金額	AP	FF	PR	CL
営業本部 営業1課課長 田中一郎	営業本部 本部長 木下五郎	アウトソーシング	契	2008/11/3	2009/1/1	300万円	100万円	10/8	10/8	10/20	10/20
営業本部 営業1課課長 鈴木次郎	営業本部 本部長 佐藤六郎	コンサルティング	C	2008/11/30	2009/1/1	900万円	150万円	8/20	8/20	8/30	8/30
営業本部 営業1課課長 高橋三郎	営業本部 本部長 原田七郎	アウトソーシング	A	2008/11/25	2009/1/1	900万円	150万円	11/1	11/1	11/12	11/12
営業本部 営業1課課長 井上司郎	営業本部 本部長 吉田八郎	コンサルティング	B	2008/11/25	2009/1/1	600万円	100万円	10/22	10/22	11/1	11/1

数字、その他の情報はダミーでつくってあります。

新規受注目標を達成するために、各セールスプロセスの目標進捗や、プロセス間のコンバージョン率を把握するためのシート。

プロセス目標進捗シート（新規開拓セールス）

目標となる受注件数、実績を記入し、達成率を計算する

目標となる新規プレゼン件数、実績を記入し、達成率を計算する

月でも週でも掌握できるようにすることが望ましい

新規プレゼンからの受注率を計算する

新規訪問からのプレゼン率を計算する

■月間商況

1Q	新規受注件数			プレ受注率	新規プレ件数			訪問プレ数
	目標	実績	%	%	目標	実績	%	%
4月	5	4	0%	33%	13	12	92%	40%
5月	5	3	0%	23%	13	13	100%	46%
6月	5	8	0%	50%	13	16	123%	73%
1Q集計	15	15	100%	37%	39	41	105%	51%

■各週商況

4月	新規受注件数			プレ受注率	新規プレ件数			訪問プレ数
	目標	実績	%	%	目標	実績	%	%
4/1〜4/6	1	2	0%		3	1	33%	
4/7〜4/13	1	0	0%		3	2	67%	
4/14〜4/20	1	1	0%		3	4	133%	
4/21〜4/28	1	0	0%		3	3	100%	
4/29〜4/30	1	1	0%		1	2	200%	
1Q集計	5	4	80%	33%	13	12	92%	40%

これにより、行動数が足りないのか？　ターゲットが悪いのか？　営業のスキルが足りないのか？　等が明確になる。

責任者等へ繋がった実績数を
記入し、テレアポからの有効
面談率を計算する

新規訪問の実績数
を記入する

有効面談の実績
数を記入し、訪
問からの有効面
談率を計算する

目標となる新規アポ獲得
件数、実績を記入し、達
成率を計算する

目標となるテレアポ件
数、実績を記入し、達
成率を計算する

有効面談率		新規訪問件数	新規アポ獲得件数			コンタクト率		テレアポ件数		
実績	%	実績	目標	実績	%	実績	%	目標	実績	%
22	73%	30	44	32	73%	58	8%	880	730	83%
20	71%	28	40	30	75%	47	6%	800	821	103%
18	82%	22	30	21	70%	38	12%	600	320	53%
60	75%	80	114	83	73%	143	8%	2280	1871	82%

有効面談率		新規訪問件数	新規アポ獲得件数			コンタクト率		テレアポ件数		
実績	%	実績	目標	実績	%	実績	%	目標	実績	%
6		8	10	8	80%	14	7%	200	201	101%
4		4	10	4	40%	6	0%	200	145	73%
4		10	10	12	120%	22	11%	200	200	100%
5		5	10	5	50%	11	9%	200	120	60%
3		3	4	3	75%	5	8%	80	64	80%
22	73%	30	44	32	73%	58	8%	880	730	83%

数字、その他の情報はダミーでつくってあります。

営業マンに、電話件数、コンタクト数など、
毎日の行動を数字で書かせる。

プロセス目標・日報シート

毎日書かせることが
重要

既存の受注件数と
率を記入する

受注金額を目標と
実績で記入

既存のプレゼン
件数と率を記入
する

7月 第2週	総受注件数			既存受注件数			既存プレ件数		
	目標	実績	%	目標	実績	%	目標	実績	%
7日（月）	1	1	100%	1	1	100%	2	2	100%
8日（火）	1	2	200%	1	2	200%	2	3	150%
9日（水）	1	0	0%	1	0	0%	2	1	50%
10日（木）	2	1	50%	1	0	0%	2	1	50%
11日（金）	2	1	50%	1	1	100%	2	2	100%
第2週集計	7	5	71%	5	4	80%	10	9	90%

トピックス

9日（月）	□A商事より、継続で300万円を受注。 □既存対応に追われ、テレアポ時間確保できず。明日は既存訪問が2件あるが、合間を見つけてアポイント獲得2件を目指す。

いわゆる「日報」に近いが、文章は不要で、数字で判断する。
手薄だったりまちがったプロセスに対しては指導し、変える。

その日のプレゼン件数と
率を記入する

その日のコンタクト
数と率を記入する

その日の新規の受注
件数と率を記入する

その日に獲得した
アポイント数と率を
記入する

電話件数と率を
記入する

新規受注件数			新規プレ件数			新規アポ獲得件数			コンタクト率		テレアポ件数		
目標	実績	%	目標	実績	%	目標	実績	%	実績	%	目標	実績	%
0	0	0%	1	0	0%	2	0	0%	1	7%	50	15	30%
0	0	0%	1	0	0%	2	0	0%	0	0%	50	0	0%
0	0	0%	1	0	0%	2	2	100%	9	12%	50	73	146%
1	1	100%	1	1	100%	2	0	0%	1	13%	50	8	16%
1	0	0%	1	1	100%	2	0	0%	0	0%	50	0	0%
2	1	50%	5	2	40%	10	2	20%	11	11%	250	96	38%

10日 (火)	□B商社より150万円、C商社より追加100万円を受注。 □本日はテレアポできず。明日は訪問がないため、テレアポを集中して実施し、3件以上の獲得を目指す。

数字、その他の情報はダミーでつくってあります。

ヨミに上がったお客様や取引が、ほぼ決まった
お客様の情報を細かく記入するためのシート。

案件情報登録シート

	コメント
紹介の元。たとえば、各種新聞や四季報を見てアポをくれた場合に、それらを記入する	コンタクト日
	コンタクトリソース
	クライアント
	エンドユーザー
	TEL ／ FAX メールアドレス
	住所
	事業内容
	資本金
	従業員数
	担当者
決裁者は商談を進めるうえで非常に重要	決裁者
受注した商品は何かを記入する	提供サービス
	ヨミレベル
受注した年月日を記入する	受注年月日

取引履歴や受注履歴と呼んでもよい。お客様情報をストックすることが財産となり、あとで役立つ。

「案件情報」は訪問したすべてのお客様を記入するが、これは、取引がほぼ決まったお客様情報を記入する

案件入力

11/3契約書締結。1/1よりコンサルティングスタート。アフターフォローは1月下旬に行ない、2月以降継続の交渉予定				
×××1/10/3				
セミナー				
会社名	株式会社AAA		フリガナ	エーエーエー
会社名	株式会社BBB		フリガナ	ビービービー
TEL：03-5555-××××，FAX：03-5555-○○○○メールアドレス：saburo@××××.co.jp				
東京都新宿区西新宿1-○○-××				
製造業				
10,000,000円				
300人				
所属	営業部	役職	課長	氏名	田村一郎
所属	営業部	役職	部長	氏名	本ホ二郎
コンサルティング				
契				
×××1/11/3				

数字、その他の情報はダミーでつくってあります。

追加の情報は、カルテ式にどんどんつけ加える。アナログでもかまわない。

全営業マンに持たせるヒアリングシート。

ヒアリングシート

ヒアリングシートの中身は、各企業、各営業部によってまったく異なる。
ここで取り上げているのは、採用関係部署のヒアリングシートだ

採用全体について						
新卒、中途の年間採用計画	新卒10人、中途採用20代営業5人					
新卒採用編						
今年の結果（例：どうでしたか〜？の感じ）	新卒5人、中途採用20代営業1人					
新卒採用の目的	毎年採用することでの社内のモチベーションアップ。人材育成					
新卒採用の目標人数	10人	着地		使った予算		採用HP事前チェック　Yes・No

■エントリー					
今年人数	150人	昨年人数	100人	前年対比	150人
掲載媒体、出展フェア、その他（集客チャネル）	リクルート、毎日コミュニケーションズ				

■説明会					
人数	200人	開催時期	1月〜4月	開催回数	月2回平均
開催エリア	東京、大阪				
内容 プレゼンター	人事部担当		パンフ	無	
内容 映像	無		PPT	人事作成	

■面接			
人数	20人	適性検査の有無	無
面接担当	企業側人数　1人	学生人数	4人
採用基準（求める人物像MUST、WANT項目）	絶対要件：運動をしていた人物 必要要件：クラブ活動でも運動をしていた		

手書きで書き込むアナログ方式だ。埋められない項目が多い営業マンは、ヒアリングが甘いことになる。要は、「聞くべきことを明確にしている」ことが重要（本文 101 ページにブランクシートがあります）。

■内定出し・内定フォロー			
人数	12人	辞退率	50%
内定出しの方法	電話にて連絡		
内定フォローの実施内容	年末食事会のみ		
実際に内定承諾（採用）に至った人材は?（学歴・文理・体育会・バイト・サークル等）	サークル、バイトをまんべんなくやっている 1人は体育会		
過去3年間の新入社員人数、離職率、活動具合、レベル感	3年以内で40%離職		
■全体を通して			
今年の課題・改善したい点	・辞退率を減らしたい　・説明会の動員数アップ ・説明会用ツール充実		
来年予算・実現したい事	100万円。できれば200万円とりたい		
決裁ルート	人事部長。最終決裁は社長		

数字、その他の情報はダミーでつくってあります。

聞くべき項目を明確化すると、営業マンは何を聞けばよいのかが一発でわかる

空欄が多い営業マンは、ヒアリングが甘かったり、突っ込んでいないことが多い

正しいプロセスで必ず売れる！

　冒頭で紹介できなかった項目を少し補足します。

　「プロセス目標進捗シート」は、新規訪問と既存訪問の数を掌握、それを元に行動管理するためのツールです。たとえば、契約目標額が達成されたとしても、それが既存訪問だけで達成されたものだとすると、やがて売上は右肩下がりになることが予想されるので、新規訪問に力を入れる必要があるわけです。

　「プロセス目標・日報シート」は、営業マンのその日の訪問件数、電話件数、コンタクト数、アポをとった件数など、一日の行動を掌握します。たとえば、新規訪問ゼロが続くようであれば、「来週は新規のアポを1件入れよう」などと指導します。

　「案件情報登録シート」は、ヨミに上がったお客様、取引がほぼ決まったお客様、すでに決まったお客様の受注履歴であり取引履歴です。他の部署でも見れるようにしておくことで、新たな販売の広がりを見せることがあります。

　「ヒアリングシート」は、すべての営業マンが持つべき取材ノートです。ヒアリングする時に使います。組織として取材すべき項目を明確にすることで、営業マン自身が聞くべきことが具体的にわかります。いずれにしても、「もっと回れ」などという根性論的な指導ではなく、具体的に何をどうすべきか、明確にするためのツールです。

　営業は難しくはありません。正しいプロセスを踏めば必ず売れるようになります。そのためには、情報を集めて、仮説を立て、正しい指導が不可欠です。本書がそのための手助けになれば、これほどうれしいことはありません。

著者プロフィール

櫻井 富美男

株式会社エスシーリンク　代表取締役
1961年神奈川県生まれ。1984年慶応義塾大学法学部卒業。
1984年(株)リクルート入社。その後数社経て1999年ブレインワークス(株)（現セレブリックス(株)）に入社、2000年には代表取締役社長兼COO就任。同社は2005年大阪証券取引所（ヘラクレス）上場。日本駐車場開発(株)本部長、取締役を歴任、2018年日本からだ開発(株)設立 代表取締役就任。2019年(株)エスシーリンク代表取締役就任。
リクルート時代から営業実績を残し、優秀賞を多数受賞。セレブリックス社では営業コンサルティング会社として初の上場を達成。その他楽天球団と契約したパシフィックリーグマーケティングの大幅な業容拡大など様々な実績を持つ。各業界で培ってきたノウハウで営業開拓、新規事業開発、人事マネジメント、ＩＰＯ支援など多岐に渡る企業支援を行う。

トップセールスをクビにする勇気

2019年6月15日　〔初版第1刷発行〕

著　者	櫻井　富美男
発行人	佐々木　紀行
発行所	株式会社カナリアコミュニケーションズ
	〒141-0031　東京都品川区西五反田6-2-7
	ウエストサイド五反田ビル3F
	TEL　03-5436-9701　FAX　03-3491-9699
	http://www.canaria-book.com
印刷所	株式会社クリード

カナリアコミュニケーションズの書籍ご案内

日本一になった
田舎の保険営業マン

林 直樹 著

人口わずか500人の農村でも「日本一」のワケとは？
お客様に"与えつづける"営業で世界の保険営業マン
上位6%「MDRT」を3回獲得。 読めば勇気がわく
成功ヒストリー＆ノウハウが満載！営業に関する
さまざまな本やマニュアルが出ているが、
そのほとんどは大都市で成功した人の体験談である。
ビルが立ち並ぶ街での営業スタイルが前提となっている。
同書では独自で実践した人口500人の農村でも
日本一になれる営業法を掘り下げて紹介。

2014年3月10日発刊
1400円（税別）
ISBN 978-4-7782-0262-0

勝ちぐせ。
ハッピーを味方につけて
勝ちぐせをつけるための7つのコツ

廣田 さえ子 著

人間も会社も、 ひたすらのめりこんで仕事をやる
"ダッシュ期"がある。 だが、 不安や迷いもある。
若者は動き方が分からず、 経営者は孤独。
そんな彼らへの応援メッセージ。

2016年8月20日発刊
1500円（税別）
ISBN 978-4-7782-0364-1

カナリアコミュニケーションズの書籍ご案内

2015 年 9 月 30 日発刊
1400 円（税別）
ISBN 978-4-7782-0313-9

ICTとアナログ力を
駆使して
中小企業が変革する

近藤 昇 著

第1弾書籍「だから中小企業のIT化は失敗する」
（オーエス出版）から約15年。この間に社会基盤、
生活基盤に深く浸透した情報技術の変遷を振り返り、
現状の課題と問題、これから起こりうる未来に
対しての見解をまとめた1冊。
中小企業経営者に役立つ知識、情報が満載！

2016 年 10 月 15 日発刊
1300 円（税抜）
ISBN 978-4-7782-0369-6

もし、自分の会社の
社長がAIだったら？

近藤 昇 著

AI 時代を迎える日本人と日本企業へ捧げる提言。
人間らしく、AI と賢く向き合うための1冊。
将来に不安を感じる経営者、若者、シニアは必見！
実際に社長が日々行っている仕事の大半は、
現場把握、情報収集・判別、ビジネスチャンスの
発掘、リスク察知など。その中でどれだけ AI が
代行できる業務があるだろうか。10年先を見据えた
企業と AI の展望を示し、これからの時代に必要と
される ICT 活用とは何かを語り尽くす。

カナリアコミュニケーションズの書籍ご案内

もし波平が７７歳だったら？

近藤 昇 著

人間はしらないうちに固定概念や思い込みの中で
生き、自ら心の中で定年を迎えているということが
ある。オリンピックで頑張る選手から元気をもらえる
ように、同世代の活躍を知るだけでシニア世代は
元気になる。
ひとりでも多くのシニアに新たな希望を与える1冊。

2016 年 1 月 15 日発刊
1400 円（税別）
ISBN 978-4-7782-0318-4

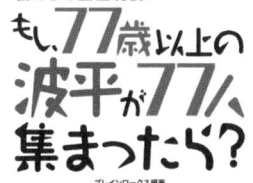
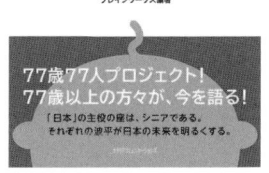

もし、７７歳以上の波平が ７７人集まったら？
私たちは生涯現役！

ブレインワークス 編著

私たちは、生涯現役！シニアが元気になれば、
日本はもっと元気になる！現役で、事業、起業、
ボランティア、NPOなど各業界で活躍されている
77 歳以上の現役シニアをご紹介！「日本」の
主役の座は、シニアです！77 人のそれぞれの
波平が日本の未来を明るくします。
シニアの活動から、日本の今と未来が見える！
※波平とは、「もし波平が 77 歳だったら？」
（近藤昇著）の反響をうけ、波平に共感して
くださったことから、第2弾企画として使用。

2017 年 2 月 20 日発刊
1300 円（税別）
ISBN 978-4-7782-0377-1

カナリアコミュニケーションズの書籍ご案内

二宮尊徳と創造経営

田村 新吾 著

『二宮尊徳と創造経営』40億年生き続けている
自然界のバランス美の中に教科書学問にはない
崇高な教えがある。
二宮尊徳が農民に語る自然界の譬え話の中に
企業の再生と創造、そして永続の秘訣があった。
全ての経営者必読の書。

2015年5月25日発刊
1300円（税別）
ISBN 978-4-7782-0304-7

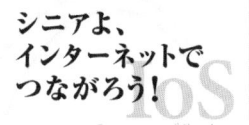

シニアよ、
インターネットで
つながろう！

牧 壮 著

これからの時代は、さまざまなものがインターネットで
つながっていきます。シニアも逃げられません。
シニアの私が伝えたいのはIoS（Internet of Seniors）
「すべてのシニアをインターネットでつなぐ」という理念
ITは怖くありません。
シニアライフを楽しくするツールです。
インターネットを活用してシニアライフを満喫しましょう！

2018年12月10日発刊
1300円（税別）
ISBN 978-4-7782-0444-0

カナリアコミュニケーションズの書籍ご案内

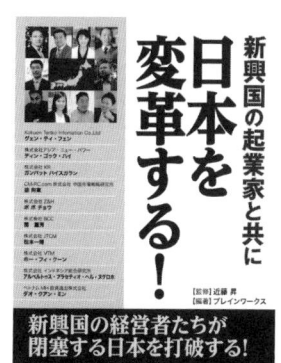

新興国の起業家と共に
日本を変革する！

近藤 昇 監修
ブレインワークス 編著

新興国の経営者たちが閉塞する日本を打破する！
ゆでがえる状態の日本に変革を起こすのは強烈な
目的意識とハングリー精神を兼備する新興国の
経営者たちにほかならない。
彼ら・彼女らの奮闘に刮目せよ！！
商売の原点は新興国にあり！
新興国の起業家と共に日本の未来を拓け！！

2018 年 3 月 26 日発刊
1400 円（税別）
ISBN 978-4-7782-0417-4

- -

「暮らしの物語」
女たちの想いで繋ぐ日々の記録

「暮らしの物語」編集委員会 著

いつの世も、ひたむきに、丁寧に生きた証を
語り継ぐ。小さな物語たちが鮮やかに映し出す
ニッポン暮らしの記憶。明治から今日までの
一世紀半。女性たちは暮らしに根ざした
生活文化を支え、知恵や技を脈々と
受け継いできた。
しかし、高度経済成長と科学技術の発展
とともに、家庭のありようも変容し、地域の伝統や
風習の多くも途絶えた。
何を残し、何を伝えていけばいいのか——
改めて考えていく必要がある。

2018 年 7 月 31 日発刊
1300 円（税別）
ISBN 978-4-7782-0436-5